非常識に生きる

堀江貴文

小学館集英社プロダクション

非常識に生きる

序章

なぜ僕は、東大を辞めたのか

望みどおりの
人生を過ごすには、
学歴や肩書き、
お金や仲間の存在は、
それほど重要ではない。
無用でもないけれど、
役立ち度は限られている。
本当に役立つのは、
常識を乗り越えていく、
非常識な行動だ。

僕は決して、非常識な人間ではない。

きわめて普通の、常識をわきまえた大人だと、思っている。

ビジネスでもプライベートでも、他人との約束を破ったりしない。

ミーティングや商談の時間には遅刻しないよう、スケジュールを組んでいる。

プロジェクトで借りたお金は必ず返すし、イベントなどに来てくれたお客さんには、最大限のサービスを心がける。

誰かに対して反論したいときは、本人にきちんと正面からぶつける。

知らないことは「知りません」と、恥ずかしがらずに答えるし、スタッフや仕事の仲間への指示は明確に、正しく伝わるよう、言葉に気をつけている。

いたって、常識的な人間じゃないだろうか？

常識を持った大人でありたいとか、他人に迷惑をかけたくないとか、そんなつもりは全然ない。当たり前のことを、ただ当たり前にやっているだけだ。

会食の席や仕事の紹介などで、初対面の人にしばしば言われる。

「堀江さんって、もっと怖い人かと思っていました」

「すぐ怒ったり、破天荒なイメージがありました」

「堀江さんは、意外と話しやすくて、常識人なんですね」

など……どれだけ僕は、非常識な人間だと誤解されているんだろうか。

20年近く前に、マスコミやメディアに勝手につくられた、「生意気な成金」「体制への反逆者」の印象が、根強く残っているようだ。困ったものだ。

勝手な思いこみで会う前から他人の人格を決めつけるのは、やめてもらいたい。それこそ失礼というものだ。


もちろん温厚篤実で、怒りや文句を押し殺すような、我慢強い人間ではない。言いたいことは言うし、相手とか場の空気を読まないで、怒るときは怒りまくる。

例えば取材の席や、著名人との対談の場で、まったく的外れな質問が来たり、「それいまさら聞く?」みたいな質問が投げかけられたら、イラッとすることもある。あまりにも分別のない質問には、話を遮ってでも注意する。

僕は仕事で対面させてもらう相手のことは、調べられれば最低限、事前に調べておく。相手の情報が入っていれば、対話のレベルは上がるし、時間も有益に使えるだろう。事前に下調べするのは、僕には常識的なことなのだが、それをまったくしないで、ビジネスの場に臨んでくる人は、けっこう多くいる。

ネットで検索すればすぐ出てくるようなことを、わざわざ訊くな！　と言いたい。下調べや準備など、誰にでもできることだ。

インタビューで変な質問をされて怒ったり、話がつまらなくなってスマホを触り出す僕を、非常識だという人もいるけれど、まるでわかっていない。

当たり前の作業を怠って、他人に密度の低い時間を強いる人こそ、非常識だと思っている。


僕はビジネスパーソンとしては長年、非常識だと言われてきた。自分では、その自覚がない。

先に述べたように僕は僕の常識に則って、何の問題もなく生きている。

逆に、周りのスピード感のなさや、思考の足りなさ、理不尽な対応に、非常識だなぁと呆れることが多かった。

昔は僕に「もっと常識をわきまえなさい」と偉そうに言う大人が何人もいたけれ

ど、理解できなかった。

常識というものを守っていれば、いいことがあるの？

世間一般で言われる、常識というものから逸脱している（らしい）僕のやり方とかスタイルは、間違っているの？

問いへの答えは、どちらも「ノー」だ。

世間の常識なんか、気にしないで、好きにやっていた方が断然、実利がよかった。ビジネスはうまくいったし、お金も、優秀な仲間も、可愛い恋人もできた。目的を達成するために、世間の常識に従って、いい結果になった試しは、一度もない。

ビジネスでは誰の意見にも、圧力にも負けずにやってきた。

成果を得る勝負では、苦しいときもあったけれど、基本的には勝ってきた。

世間の常識に折られないで、僕のなかの揺るがない常識を、ひたすら貫いてきた。

それを非常識だというなら結構。非常識は、常識を突破して思うままの人生を手にした人間が獲得できる、誇りある称号だ。


僕が最初にとった、非常識と言われる行動は、東大を辞めたことだろう。

1991年、現役で東大に合格して、福岡の八女市から上京した。

日本の最高学府に入れば、面白い人がたくさんいると思ったけれど、事実は違っていた。周りは就職する会社のブランドを気にしている同級生ばかり。東大に入っただけで満足して、知的情報を取りに行ったり、自分で何か行動するような人は、ほとんどいなかった。僕はがっかりして、麻雀と競馬に明け暮れる学生生活だった。

だが、大学4年のときのアルバイトをきっかけに、ITの世界に触れた。たちまちインターネットのつくりだす未来像に、魅了された。

Web空間は、スマートだった。

百科事典や新聞とは桁が違う、全世界の情報がパソコンの画面に集まる。知の集積にアクセスできるだけではない。コミュニケーション、ショッピング、金融などあらゆるシステムが、オンラインで深くつながっていた。

インターネットでの仕事は、処理スピードが段違いに速い。ミスも素早く修正できる。トライアンドエラーの回数をいくらでも増やせ、そのぶん成功確率を高めていくことができた。加えて、少ない人手で仕事が回せる。大企業のような組織でなくても、大企業に匹敵するサイズの大きなプロジェクトを、僕たちのような若者だけでこなせるのだ。

インターネットで、理想の社会がやって来る。そう確信した僕は、インターネット事業の会社を起こそう！　と決めた。

見よう見まねで、稚拙な事業計画書をつくった。最初の事業計画書のプリントアウト版は、いまも残っている。

記載した社名は『リビング・オン・ザ・エッヂ』（崖っぷちに生きる）。

有限会社オン・ザ・エッヂと社名をあらためて1996年、創業社長に僕が就いた。その数年後に『ライブドア』となる会社で、起業家としての人生がスタートしたのだ。

会社を立ち上げた時期と前後して、僕は大学を中退した。

正確には1997年の2月に中退、という記録になっている。学生事務局に行って手続きなどは、していない。学校に行くのをぱったりとやめたら、自動的に「除籍」されたようだ。除籍の通知があったのかどうか、覚えていない。

八女市の実家に、教授から「貴文さんが除籍になった」と報告はあったようだ。さすがに驚いたのか、父親が電話をかけてきた。

「中退はダメだ！　絶対に卒業だけはしろ！」

というような話をされた。「ああ、そう……」と聞き流し、無視を通した。

親の意見なんか、まったくいらない。僕の人生を生きるのは、僕自身なのだ。

僕が起業してビジネスを始めるのだと決めたら、あとは突き進むのみ。決定事項なので、親だろうと、他人の意見になんか従うわけがない。

東大生ブランドという実利的に得るべきものは、すでに得た。大学生活で、他に得るべきものは、もうないのだ。

せっかく4年生まで通ってもったいない……卒業ぐらいしておけばいいのに、と言われる。そのもったいないという感覚が、僕には全然、これっぽっちも理解できない。めちゃくちゃ面白そうなことを始められるチャンスを先送りにして、つまらない大学に通い、学びたくもない勉強を続ける時間の方が、僕には何十倍も、もったいなく感じる。それは、おかしいのだろうか？

東大を辞めて、インターネットのビジネスを起こすなんて、非常識だと言われた。

いずれ後悔するよ、と言う人もいた。

期待に添えなくて申し訳ないが、起業以降、一度たりとも後悔したことはなかった。むしろ起業直後は、学生の身分じゃないから、堂々と馬主申請ができる！　と嬉しくなった。そして1999年には、馬主になる夢を叶えられた。

他人の意見など聞かないでよかったと、心底思っている。

非常識を唱える側の人たちは、「危ないことはするな」「何かあったら心配」「未来が損なわれるよ」など、思いやりの言葉をかけてくる。

心配してくれるのは、ありがたい。いちおう意見としては、聞いておきたい。

でもほとんどは口先だけで、心配とは別の意図を持っている。

「みんなやりたいことを我慢しているのだから、お前も我慢しろ！」という同調圧力で、自由な僕らの足を、引っ張ろうとしているのだ。

みんな一緒であろう。突き抜けてはいけない。ルールから外れて、動き出さなければ安心。それらの圧力が、日本社会に蔓延している常識の正体だ。

常識に従い、大きな夢も欲も持たず、同調圧力に逆らわない生き方が楽だというなら、それでもいい。

人生における「流れ」の種類は無数にあり、自然に乗れるなら、どんな「流れ」でも受け入れればいいと思う。

ただ、「流れ」に従うことが常識的か非常識であるかを、判断するのは自分自身だ。

他人が非常識だと批難しても「俺には普通なんだけど、何か？」の気持ちで、突き進もう！

世間や他人が何を言おうが、そちらに任せておけばいい。

やるかやらないかのジャッジを、世間や他人に委ねては、絶対にダメだ。

常識を守って生きる自由だけでなく、非常識に生きる自由が、もっと当たり前に認められるべきだ。

常識はいつだって、僕たちの思考を縛ろうとする。

縛られていたければ、それでも結構だが、あなたはどうだろう？

そのまま常識人で過ごし続けることが、本当に望みなのか？

「常識どおりって、おかしくね？」と少しでも感じた人は、この本を読む意義がある。

自分のやりたいことを見つけ出し、大きなチャンスをつかむには、常識だけでは足りない。知識とか人脈とか運ではなく、非常識への踏み出しが大事だ。

ゴルフのとき、バーディを避けてパー狙いの弱いパットをする人は、たいていパーも取れず、ボギーになってしまう。

バーディを取りたいなら、強めに打て！　と言いたい。

もしパットを外しても、ラインがどうなっているのか、見当をつけられる。すると返し（オーバーしたところからカップに戻る）のパットで、パーが取れるチャンスは上がるのだ。

ビジネスでも人生でも、結果的に成果を上げる人というのは、オーバーを恐れずに、大胆にパットを打てる人だ。

リスクを取って、非常識な振りのできる人が最後には勝つ。

それが、常識なのだ。

本書で、強いパッティングの勇気を、少しでも身につけてもらえたら嬉しい。

目次

非常識

1

働き方

お金のために働かない

非常識

2

時間の使い方

動き出す前にじっくり考えない

非常識

3

習慣にすること

没頭すればバランスは必要ない

非常識

4

お金の使い方

将来への蓄えは必要ではない

非常識

5

学び方

他人の言うことには従わない

非常識

1

【働き方】

お金のために働かない

あなたは何のために、
仕事をしているの？
その問いに「生活のため」
「家族を養うため」「借金を返すため」
以外の理由を、
すぐ挙げられない人は、
この章から精読してほしい。
誤った思いこみで、仕事に
縛られている自分に、
きっと気づけるはずだ。

非常識 1

01

仕事は、「食っていくため」にするものではない。

食べていくためには、仕事をしなくてはならない。多くの人は、そのように思いこんでいる。普通のサラリーマンに、なぜ働くのですか？　と聞けば、ほとんどは「生活のため」「家族を養っているから」と答えるだろう。

果たして仕事は、食べるために本当に必要なのだろうか？

なぜ人は、働かなくてはいけなくなったのだろう。歴史的に紐解いてみよう。

イスラエルの歴史学者、ユヴァル・ノア・ハラリの書いた『サピエンス全史』に、「人間は穀物に家畜化された」といった表現がある。そこから次のような論考が展開されている。

旧石器時代、人類は狩猟採集民族であり、人々は狩りの毎日を送っていた。だが、農耕の技術を得たことで生活のパターンは変わった。狩りのための移動をやめて、畑を管理し続けなくてはいけなくなったのだ。

やがて人間は農耕技術の進化により、より大きな集団での暮らしが可能となった。安全ではあるけれど、決まった土地で生きていくことを強いられた。

そして、暮らしていく場所や役目を選ぶことの「自由」を失ったのだ。

ハラリはその人類の様変わりを、「穀物に家畜化された」と説いている。言い方は悪いが、人は農耕を身につけて、食べ物づくりの奴隷となったのだ。

その結果、仕事は「生きるためにやらなくてはいけないつらいこと」という思いこみが、人のマインドに刷りこまれたと言える。それによって畑の相続に長男を縛りつける家父長制度など、悪習もたくさん生まれてしまったのではないか。

だが産業革命以降、穀物生産の自動化が進み、集団で働かなくても、食べ物が人間に届く仕組みができた。ＡＩやＩＴテクノロジーの進化も加わり、人は多くのつらい労働をしなくてもよくなった。

食べるために働く時代は、もう終わっているのだ。

にもかかわらず、「仕事は嫌だが、行きたくない会社に通い、懸命に働くべき」という理不尽な常識に、みんなとらわれている。

食べることが目的なら別に働かなくても叶うのに、なぜだろう？　嫌なことをしなくてもフードバンクを利用したり、安い総菜やパンで空腹は充分にしのげるはずだ。

嫌々ながら仕事している人は、「働かざる者食うべからず」の古い常識から離れるのが怖いか、生活水準を下げたくないというプライドを守りたいだけではないだろうか。

食うために働くという言い方は、もう論理的に通用しない。

食べるだけなら仕事をしなくてもいい時代に、なぜ働いているの？　答えられなければ、あなたはまだ古い刷りこみにとらわれている。

僕たちの暮らしは、遊ぶだけでも成立するようになった。仕事と遊びの境界線をなくしてしまおう。遊びのように楽しめない仕事なんて、人のやることではないのだ。

僕たちはもう、働かなくていいというフェーズに移行した。狩猟採集時代に持っていた権利を取り戻した、と言うべきかもしれない。

僕の本の読者には、「働かなくても生活できる」という人生を、夢の話だとは思ってほしくない。働く＝我慢することではないのだ。

食べるためではなく、楽しいからやる！　遊びだから続けられる！　そのようにマインドを変えれば、苦しい仕事のストレスや義務感とは無縁な、あなただけの取り組みと出会えるはずだ。

非常識
1

02

「手取り14万で終わってる……」と嘆くヤツこそ終わっている。

2019年の秋、あるサイトにアラフォーだという匿名女性が「手取り14万円です……。何も贅沢できない生活。日本終わってますよね?」という投稿を上げた。同じような境遇の人はたくさんいるらしく、ニュースサイトでまとめられ、そのときのSNSは共感の声で埋め尽くされた。

この現象を、僕は見過ごせなかった。Twitterで引用リツイートした。

「『お前』がおわってんだよwww」と。そうしたら、大炎上してしまった。

ホリエモンみたいな成金は、低賃金の人たちの実情をわかっていない! 終わってるのはお前だ! 謝れ! などと、まあひどい言葉の集中砲火を浴びた。

僕が成金かどうかという話はさておき、なんで謝らなくちゃいけないの? と、本当に不思議だった。

終わっているものは、終わっているのだ。

僕が見過ごせなかったのは、手取り14万の匿名女性の不見識だ。月14万円の稼ぎは、たしかに高収入とは言えないだろう。しかし、あえて問いたい。いくらなら、満足なの? 月に140万円あれば満足? 本当に、本当だろうか?

たくさん稼いだところで、まだあれが足りないとか、これができないなど、満たされない状況が増えるだけで、また「日本終わってますよね」と、嘆くのではないか？

14万円ならば、別に飢えることはない。安い部屋を探して、スマホを使いこなし、無料サービスや売買アプリを利用すれば、ひとまず生きていけるはずだ。

ジムに通って健康管理したい、趣味を増やしたい、多少の嗜好品やブランド品も持ちたい、遠くに旅行したい、だからお金がもっと必要なのだ、という反論もあるだろう。「最低限の暮らしではなく、少しの贅沢と文化的生活は誰でも受ける権利がある」という意見もあった。

たしかに、そのとおり。だが基本的人権の問題と、手取り14万の金額が多いか少ないかは、次元がまったく違う。同じ俎上で論じてはいけない。

14万円の稼ぎがあまりにも少ないというなら、人権とか大きな問題を持ち出さず、自分の満足値をきちんと理解したうえで文句を言うべきだ。

「日本終わってますよね」と言う人たちに問いかけたい。人生において何が幸せなのか、何をしたいのか、明確にできているか？

少しの贅沢を楽しみたい。経済的な不安を軽くしたい。そういう欲を持つのは結構だが、贅沢なんかしなくても幸せにはなれる。

成熟した大人として、当たり前のことを思い出さなくてはいけない。

「日本終わってますよね」と、国家レベルの問題にすり替えようとしているマインドの時点で、自分の本心がわかっていない証拠だ。

足りないのは月給ではなく、人生を自力で生きていくためのリテラシーだ。

炎上はたびたびするのだが、多少の無力感を感じる炎上だった。僕は著書やメディアで、リテラシーを磨くことの重要性をしつこく繰り返し訴えているのに、まだまだ多くの人には届いていなかった。

「おわってんだよ」と言ったけど、投稿者本人を否定しているわけではない。苦しさを招く思考は、工夫次第でいくらでも変えられるのだ。

国家に文句を言う前に、まず自分で変わっていけ！

言葉は厳しかったけれど、そのようなエールをこめたつもりだ。

非常識 1

03

遊びは未来の仕事になる。

大学生時代に起業してから今日まで、スケジュールがガラ空きになったことがない。1日に数十件の案件を処理することは普通で、国内外の移動、友人との会食、トレーニング、すきま時間にスマホで情報収集や発信を行い、睡眠時間はしっかりキープしている。仕事がなんにもなくぼんやり過ごしていたという日は、30年近く1日もないだろう。僕のなかでは最適化されているので特に大変ではないけれど、普通の人からすれば超人的なタイムスケジュールらしい。たしかに、僕の毎日に全部ついて来られる体力の友人や恋人は、ほとんどいない。

僕にとってビジネスは遊びと同じだ。

時間を活用して、情報を狩りながら自由に生き、すべてが遊ぶことに通じている。よく、堀江さんが一番、大切にされていることは何ですか？　と聞かれる。一番なんかないのだけど、シンプルに答えるなら「人生を遊び尽くす」ことだ。

僕は毎日が楽しくて、楽しくて仕方がない。

常識やいろんな制約に縛られず、人生を自由に、遊び尽くして生きているからだ。

「そんなことはホリエモンだからできるんだ」と言う人も、いるかもしれない。けれど、僕だからできることなんて、ほんの少ししかない。

遊んで生きる暮らしは、僕が発明したものでもなんでもないのだ。誰にでも、できる選択だ。もし自分にはできないと言うなら、「できない」理由をつけて遊びを捨てただけではないのだろうか。なんてもったいないのだ、と思う。

もっともらしい理由を持ち出して、自分ができないことの言い訳にして、行動に制限をかけている人は、人生を無駄にしている。

人生は有限だ。無限に生きられる人は、ひとりもいない。

だから僕は、無駄なことはしない。できない理由や過去にやったことへの後悔、未来への不安にとらわれて、貴重な人生を浪費するほど無駄なことはない。

明日から、いや、たったいまから自分が夢中になれる遊びに没頭し、この瞬間を生きる姿勢を身につけていこう。


最も大事なのは、遊びたいという欲を持つことではない。手や足を好きに動かして、遊び出すこと。つまり、行動だ。

ひとたび行動を起こしたら、人生は必ずや大きく動き始める。遊びに飛びこみ、遊びにハマることで、思いがけない成功につながっていく。

損得や後先をまったく無視した「没頭」によって、自分だけの感覚や視点が育ち、それが他人と差別化できる強みを生み出すのだ。

ビジネスで大きく成功した者たちは、みんな遊びにハマるエキスパートだ。

あれこれ考えないで、好きな遊びに夢中になっている。そうした者にこそ、ビジネスチャンスや、人やお金が、自然に集まってくるのだ。

テクノロジーの進化で、社会からつらい労働が減っていき、食糧は余りまくっている。また格差拡大の問題に対処すべく、世界中でベーシックインカムなど、「働かなくても生きられる」システムの実装が進んでいる。

僕たち人類は、遊ぶのが仕事！　という時代へ、確実に進んでいるのだ。

人生で好きなことだけを追求して、遊ぶだけで生きていける。それが常識へと移行していくいま、嫌いな仕事を我慢して続ける理由は、何だろうか？

周りの意見なんか捨て去り、レールから外れて、遊びにハマっていこう。

非常識 1

04

月額の会費1万円、僕がHIUをつくった理由。

数年前から、オンラインサロン『堀江貴文イノベーション大学校』（以下ＨＩＵ）を主宰している。メンバー主導体制を完全構築した、数少ないオンラインサロンだ。

ＨＩＵはメイングループに加えて宇宙開発・求人・農林水産畜産ビジネスなど、40以上の分科会グループで構成されている。メンバーはビジネスにも遊びにも全力で臨む、やる気のある人たち揃い。互いに交流し新しい価値を生み出していくサロンとして、大いに盛り上がっている。

会員は約１５００人。会員数は国内のサロンのなかでは最大規模だ。六本木のホリエモン万博、地方や世界各地のホリエモン祭、プログラムがみっしり詰まったＨＩＵ合宿など、多くのイベントを立ち上げ、メンバーたちが運営を手がけている。

すべての活動はメンバーの自発的な行動によるもので、僕が何かを教えたり与えたりするようなことは、ほとんどない。僕自身もメンバーのひとりとしてＨＩＵを活用している意識だ。よくある著名人のファンクラブ的な組織ではない。

いったん社会に出た大人たちが、やりたいと思ったことを仲間と一緒に好きなだけやれる、「生き方改革」の実践の場なのだ。

会費は月額1万1000円に設定している。オンラインサロンとしては比較的、高額な会費だろう。それには理由がある。無償だったり月額の安いコミュニティは、参加するハードルが低いぶん、コミュニケーションの質を高く維持するのが難しい。グループ内でトラブルや炎上など、問題が起きる可能性もあるだろう。

会費が高ければ、ある程度の収入を得て、能力の下地ができている人が集まってくる。数多くの規則やルールで縛らずとも、メンバーの自主性に任せれば、自分たちで環境を整えようという気持ちが自然に生まれてくるのだ。

高めの会費は、収益を重視しているわけではない。メンバーの能力や資質を「ふるい」にかけ、質のいいコミュニケーションと自治をキープするのに大事な設定なのだ。

1万1000円の会費を高いと感じる人は、HIUの多様で自律的な活動に、向いていないと言える。

僕の名前を冠したサロンなので、やはりビジネス志向の企画が多い。

ウォーターガン（水鉄砲）を使ったサバイバルゲーム『ウォーターサバゲー』、異業種格闘技戦『HATASHIAI』、エイジングケアに優れたリップバームやオーガニック紅茶を製作・販売する『月桃リップ』ほか、ビジネスとして稼働しているプロジェクトは20を超える。もちろん運営は、すべてサロンのメンバーたち自身だ。

多くは異業種から飛びこみ、ゼロから立ち上げ、新事業を回している。まったく知らない分野で手探りしながらビジネスを進めていく挑戦は、普通の会社に勤めているとなかなかできないのではないだろうか。

HIUには事業プロジェクトに関わることで転職した、という人も少なくない。後に紹介するヒヅメさん、藤井耕太さんはその好例だ。

好きなことに懸ければ、必ず誰かが協力してくれる。そんな素晴らしい成功体験を、HIUでは味わえる。

何かの資格の勉強をしたり、修業するための集まりではない。全力で人生を楽しむ大人たちが、「生き方改革」を進める実践の場だ。儲け方や昇進のコツを教える、他のセミナーやサロンとはまったく違う。

会費を払ったからといって、確実な実入りを保証されているわけではない。

自分の人生を、自分で楽しくする！　という意思に基づいた行動で、無限のベネフィットを得られる場所だ。あなたをはじめ、多くの人と、この場を共有したい。

ヒヅメさん
一級建築士→HIU→マンガ家

つまらない大人になりたくなかった

僕が『堀江貴文イノベーション大学校』（以下HIU）に入ったのは、アメリカ在住中のある事件がきっかけでした。

僕は工業大学を卒業してから、プラントエンジニアリング企業に入社し、10年ほど設計の仕事をしていました。一級建築士の資格が仕事に必要だったので、死に物狂いで試験勉強して合格して、念願だったアメリカの設計会社に赴任。向こうの仕事はカルチャーショックだらけで刺激的だったのですが、いざ残業をしなくなって時間に余裕ができてみると、特にやることが思いつかなかったんです。

ゲームでもしようと当時大人気だったニンテンドースイッチを現地のデパートで

買ったのですが、ビニール袋から出しもせずに寝てしまいました。そして翌朝、手つかずの袋を見たときに思い出したんです。「子どもの頃はゲームを買ったらむさぼるように包みを開けていたのに」って。

まずい、このままではつまらない大人になってしまう。ものすごく危機感を感じました。その日を境に、興味のあるものに片っ端から手を出し始めたんです。素人ながらマンガを描き始めて、面白そうな本もどんどん読みました。そのうちの一冊に堀江さんの話題作『多動力』がありました。あの本のメッセージはシンプルに「いいから行動しろ！　常識を疑え！　好きなことをやれ！」。そのときの僕には本当に刺さる言葉でした。そんな流れでHIUを知って、何か刺激になればと、入会することにしたのです。

投稿から10分で、堀江さんから「面白い！」

入会したものの、人見知りということもあり、半年くらいは特に何もしませんでした。駐在期間を終えて帰国してから、日本酒に興味のあった僕は、オリジナル日本酒で梅酒をつくるという体験イベントを選んでようやく初参加しました。そのときの懇親会で、絵を描くのが得意と大げさに自己紹介したら、その場にいた人たちに乗せられて、この日の体験をマンガで報告することになってしまったのです。

変な宿題を引き受けたことを、はっきり言って後悔しました。たしかに絵を描くのは好きだけれど、自作のマンガを公開するというのは初めてだったので、胃がキリキリするくらい緊張して。でも思いきってＨＩＵのFacebookグループに投稿したら、10分もしないうちに堀江さんから「面白い！」とコメントがついたのです！　それはもうめちゃくちゃ舞い上がりました。

数時間後に出版決定、マンガ家デビューへ

ＨＩＵのメンバーは、基本的に堀江さんのことを好きな人が集まっていることもあって、行動力があってフレンドリーな人が多いと思うんです。そんな人たちと話せ

るのが面白くて、友達も増えて、興味のあるイベントにはちょくちょく参加するようになりました。そのたびにレポートマンガを描いては投稿するようになって、ちょっとした連載みたいな雰囲気になっていきました。

大阪でのホリエモン祭を控えたある日、堀江さんが急に「このマンガさ、本にして祭りで売ろうよ」と言い出したんです。そこからすごいスピードで物事が進みました。数時間後には「HIUの体験マンガ本」を出版することが決まり、数日後にはプロジェクトチームと初顔合わせ。HIUで堀江さんの本をつくった経験のあるチームが、僕のマンガの出版を手伝ってくれることになりました。堀江さんやプロの編集者の強力なバックアップのもと、たった2週間でプレリリースの冊子が完成し、半年後のホリエモン万博では書籍が完成。あっという間に本当にマンガ家デビューしてしまったのです。

会場で手売りした僕のマンガは飛ぶように売れ、マンガ本でつくった書籍タワーの周りにお客さんが集まる様子に感動しました。

この頃はまだ会社勤めもしていたし、目が回るくらい忙しかったのですが、その記念すべきイベントの打ち上げで、堀江さんの目の前で彼女に公開プロポーズして、伴侶まで得ることができました。

流れに身を委ねたら、結果はあとからついてきた

ＨＩＵのおかげでマンガ制作のノウハウを得た僕は、せっかくだから僕にしかできない、他にライバルのいない作品をつくりたいと思うようになりました。そこで思いついたのが、一級建築士試験の受験エッセイマンガでした。あまり知られていませんが、一級建築士試験というのは、合格率が10％程度の非常に大変な試験なんです。筆記試験に加え6時間半も机に張りついて時間内に図面を仕上げる、製図の実技試験があります。

これがすごく大変で、何年も受験している人もザラにいるし、多くの受験生が資格取得用の予備校に通うほどです。しかし、毎年2万5000人以上が受験する試験なのにもかかわらず、司法試験などのメジャーな資格と違って、マンガで得られる情報が世になかったのです。

そこで、アメリカ時代から自分の体験をマンガにして遊び半分で書き溜めていたのですが、これを試験勉強の体験エッセイマンガとしてTwitterで発表していきました。すると業界でちょっとずつ話題になり、建築科の学生さんや受験生など、新作を楽しみにしてくれる人が増え、少しずつファンがついてきたのです。よい流れを感じた僕は、このマンガをまとめて『一級建築士になりたい』という電子書籍にしてAmazonで販売しました。

出版社のバックアップもない無名のマンガ家でしたが、おかげさまで2019年のkindleインディーズマンガ大賞にノミネートされ、建築士試験業界では異例の2万5000ダウンロードを突破できました。

そのおかげで、一級建築士試験について発信している多くのインフルエンサーや受験予備校の関係者とのつながりもできました。現在はその縁がきっかけで仕事につながったりもしているし、Amazonの電子書籍は閲覧数に応じて収益が得られるので、作品が直接収入につながったことも、生きていくうえで大きな自信になりました。

自分で選ぶから、人生は「正解」になる

僕はふだんから「流れに逆らわない」ことを意識していますが、こんな強烈な流れは初めての経験でした。でも流れに身を任せたことで生まれた経験が、僕にマンガを描く楽しさ、世の中に伝える楽しさを教えてくれました。そうして僕は新婚にもかかわらず、会社を辞めてマンガの道に進むという、一見リスキーに思われそうな決断をしました。決断というより、それも流れに思えて、身を任せたのです。

だからこの先も流れに逆らわずに、もっといろいろな生き方を見つけていくと思います。僕の人生は、会社を辞めてしまったり、遅咲きのマンガ家になったり、新婚で無職になったりと、ある意味「非常識」かもしれませんが、僕は真面目に楽しそうなことを、仲間とワイワイ進めているだけなのです。

絶対にマンガ家一本で生きていきたいというわけでもありません。せっかく目の前に面白いことがあるのに、肩書きや常識にとらわれてやらずにいたら、自分の人生の

選択肢をむやみに狭めかねない。いろいろな選択肢があって自分で選ぶから、人生は楽しいし、選択に責任を持って生きていこうと思えるんじゃないかなと思います。だから僕は、ＨＩＵで出会った堀江さんや大切な仲間、いろんな業界の人たちとのご縁に感謝しながら、これからも流れに身を任せて、たくさんのことにチャレンジしていきたいです。

ある日
フェイスブックから
面白そうな通知が来た
ピロリン
HIUで造った日本酒
「想定内番外編」を使って
梅酒を酒造所で造ろう!
マジな作業員を
募集中!
何これめっちゃ面白そう
…と思った
クセに
めっちゃ悩む
知らない人
コワイ
会場
遠い
ウェーイな空気
だったらどうしよう
仕事休めるかな
そんな時は
バカになって
思考を
シンプルに
するのが
良いって
気付きました
バカ
今から皆さんに
お見せしますね
バカ側な僕→
うおりゃ!
バカ
ドカッ
で!?
お前はコレを
やりたいのか!?
やりたくないのか!?
バカ
や…
やりたいです…でも
ならポチッとな!
参加
ええええええええ
ええええええええ

…ということでやってきました長野県
ざばーっ
というかもう梅酒造ってます
初めて会うHIUメンバーの皆さんと
マジもんの酒造所と
どんっ
プロの指導
原料は酒米栽培から造った最高の純米大吟醸を使う
ごどん
酒
ちなみに一本一万円もするのだとか
これまで見学ルートからガラス越しに見ていた世界
…の内側にいま僕がいて実際に作業をしている
しかもプロの解説付
そこはたった1クリック先の場所だった
梅入れるよー
何か…
今LIVE配信しまーす
楽しすぎて涙が出てきた
じわっ

藤井耕太さん

自動車エンジニア→HIU→日本酒販売会社社長

YouTubeで改めて知った、堀江貴文の情報力とHIU

僕は堀江貴文イノベーション大学校（以下HIU）がきっかけで起業し、人生が大きく変わった一人です。現在は純米大吟醸「想定内」「想定外」というオリジナル日本酒を中心とした酒類のプロデュースと販売を行う株式会社耕の代表をしています。

僕は、高専を卒業し、車好きということから大手自動車メーカーに新卒で就職するという、それなりに普通の社会人生活をスタートさせました。理系ながら英語が好きであったため、海外出張・駐在の業務にも積極的に手を挙げ、北米工場で製造ラインの構築に長く携わるなど、海外経験豊富なエンジニアとして、今後安泰だろうと思えるキャリアを積んでいました。

とはいえ在米中は、日本からの情報が遮断されがちで、帰国後の社内キャリアを考えると国内の情報は得ておかないといけないと考えていました。そこで、日本の情報強者の代表格として思いついたのが堀江さんで、YouTube『ホリエモンチャンネル』に出会いました。情報の多彩さや、多角的な視点にとても得るものが多く、片っ端から観るようになっていました。そのなかでＨＩＵの存在を知り、帰国したら入会してみようと考えていました。

「日本酒オタク」からＨＩＵでプロジェクトリーダーへ

帰国後は部署が変わったためしばらくは忙しく、ＨＩＵに入会する余裕はありませんでしたが、とにかく呑み歩くようになりました。海外帰りということもあり日本酒ばかり飲んでおり、居酒屋はもちろん試飲会にも足を運び、年間１０００銘柄を超えるほどにのめり込みました。そして、行きつけのお店の大将の勧めもあって、唎酒師という資格を取得。消費者としてはわからなかった造り手の視点を知ることになり、ますます日本酒の魅力にはまりました。そして仕事も落ち着いた頃、ＨＩＵに入会します。

入会と同時に「日本酒部」なるものが立ち上がり、いきなり副部長に名乗りをあげました。日本酒好きのサロンメンバーと名店めぐりをして交流を深めたり、日本酒の美味しさを知ってもらうため利き酒イベントを主催したりという活動からスタート。日本酒の魅力をサロン内外で発信しているうちに、ＨＩＵ内では「日本酒のことなら藤井に聞け」という風潮ができ上がってしまいました。

そんなときです。堀江さんが「日本酒を造ろうよ」と言い出しました。なまじ日本酒を学んでいたことから、日本酒製造の難しさをわかっていたため、正直自信がなかったのですが、「日本酒のブランド価値を上げられるお酒を、酒米から造ろう」というビジョンを必死で訴えていたら、長野県の銘酒蔵、大信州酒造さんに共感していただいて協力を得られることになり、オリジナルのお酒が造れることに。このときが、僕の常識が崩れる瞬間でした。

それから田植えや稲刈りなど、日本酒造りのプロジェクトリーダーとして、堀江さんやＨＩＵのメンバー、造り手の皆さんと酒造りの工程に関わることを楽しんでいました。

上場企業を捨てて挑んだ、畑違いの起業

酒米の栽培農家、柳澤謙太郎さんの熱い想いや、大信州酒造さんの徹底的なこだわりなど、資格の勉強だけでは知ることのできない日本酒の新しい魅力が、プロジェクトを進めるなかでどんどん見えてきました。稲刈りが済んだ頃に堀江さんに「このプロジェクト今後どうしましょう？」と相談したところ「販売会社として法人化しちゃえば？」という軽い返事。

それは「お前社長になれ」という意味で、いきなり「日本酒で生きていく」という人生の選択を突きつけられた瞬間でもありました。堀江さんにとっては起業なんて普通のことかもしれないですが、サラリーマンをしてきた僕にとって、ハードルが低いことではありません。

ただ、実をいうと当時、自分の理想と会社の期待にギャップが生まれ、将来を悩んでいた時期でもあり、人生のターニングポイントが来ていることがうっすらわかっていました。もちろん上場企業でのキャリア・ブランドを手放すことに、人並みに抵抗も感じていましたけど。

でも、こう思ってもいました。「こうして堀江さんや造り手の皆さん、日本酒を通してつながった仲間たちと、好きなもので生きていった方が絶対に楽しいよなぁ」

そのように腹をくくったら迷いはなく、会社を辞めて動き出したら、自分でもびっくりするほどあっさり会社が立ち上がりました。そして純米大吟醸「想定内」「想定外」というお酒のクラウドファンディングを立ち上げ、「金紋錦」という酒米が持つ歴史や造り手のストーリーを掘り下げて、日本酒の付加価値を打ち出し、合計500万円以上の支援を集めました。おかげさまで会社は4期目。経営者としての財務管理業務などにまだまだ苦労していて、手探りなことばかりでもありますが。

日本酒の魅力を世界へ。人生は「Connecting the Dots」

日本酒は工業製品のメーカーに勤めていた僕にとって、原料の酒米や醸造過程など、あらゆる工程で手間がかかり外的要因にも左右されるという難しさがよくわかります。だからこそ人々の想いが詰まっていて面白さがある。酒米から酒造りまでの丁寧なものづくりを通して、日本、そして世界で日本酒の価値を上げていきたい。毎年のストーリーを紡ぐため、酒米すべてを手植えするという、非効率でありながらも魅力や価値が伝わる体験ができる場もつくれるように挑戦をしています。

その他にもさまざまな活動をしています。2019年に六本木ヒルズで行われた「第32回東京国際映画祭」という大きなイベントに出店し、全国の日本酒が一度に楽しめる特設ブースを運営しました。六本木ヒルズのど真ん中ですし、海外からのゲストにも、得意の英語を活かして対応し、大成功をおさめました。

コロナ禍の2020年春には、外出自粛により日本酒の出荷量が激減したことに合わせて、急遽『蔵元とオンライン飲み』というオンラインイベントを主催。オンライン飲みが流行り始めたばかりのタイミングでしたが、エンジニアの経験を活かしてすぐにオンライン配信のシステムを構築して実施し、業界に先鞭をつけたイベントとなり注目を集めることができました。

このようにエンジニアから日本酒をプロデュースする人間になったという、一見脈絡のない流れですが、僕が好きな言葉のひとつに、Apple創業者のスティーブ・ジョブズの「Connecting the Dots」というものがあります。「個々の学びや経験は点。将来を見据えて点と点をつなぎ合わせることはできない。いまを楽しんでいけば自ずと線になっていく」というもので、まさにいま、培った経験が「点」となり線でつながっていくのを感じています。前職の経験、在米中に楽しんだ旅行や同僚との交流、日本酒の勉強などが、何かにつながるなんて考えてもいませんでしたけど、点と点がつながっていくことの一端を少しずつ感じています。

そんなわけで、いまは目の前のことを楽しむのに精一杯で、将来の自分は想像できていません。というより、あまり想像しないようにして、いまやれることを夢中でやっています。堀江さんは「○○は今後どうなりますか?」と聞かれ、「わかんねーよ。10秒後だってわかんないんだから」とよく答えていますが、共感できるようになってきました。今後も、僕はいい意味で勢いとノリを大事に、やれることをやっていくだけです。数年後、どんな状況になっていても、僕はそのときに好きなことをするために動きまくっているでしょう。その経験の一つひとつが、僕の人生の「Dots」だからです。

非常識
1

05

組織に依存するな。
家を買うな。
保険はかけるな。

押し寄せるグローバリズムに、交錯するコロナウイルスパニック、働き方改革の導入など、日本人の働く環境は急スピードで変化を求められている。

しかしいまだに「正社員は安心」という常識は、根強い。特に就職氷河期以降、若者の間では正社員希望が増加しているようだ。

だが、会社員になるメリットはほとんどない、と断言する。

昔は終身雇用・年功序列の堅硬な構造が、サラリーマンを選択する最大の利点だった。しかしリーマン・ショック以降、終身雇用も年功序列も崩れ落ちた。

有名な大手企業に勤めているとしても、安定した給料や待遇が得られる保証はない。いつ仕事を失い、路頭に放り出されるかわからないという意味では、正社員も派遣社員もフリーターも同列なのだ。

一方で、会社組織の利点としては、仲間との結束感がある。同じ会社に勤める上司や部下、同僚は、仕事の成果を分かち合える最も身近な、味方でありえるはずだ。喜びを共有できたり褒めてくれる人が職場にいると、それなりのモチベーションを保つことができるのではないか。会社のブランドを使って、よりスケールの大きいプロジェクトを進める利用法も考えられる。

人間関係ではストレスは溜まるだろう。けれど同じ会社に勤めているというだけで、結局は身内だから、最低限のフォローをしてくれる。個人的なミスも、最終的には会社が責任を取ってくれる。業務トラブルにおいて、リスクを軽減できるという意味では、組織は役立っている面があるかもしれない。

だが、リスクが免じられている環境で、人は成長できるだろうか？

助けたくもない仲間まで助けることが、正しいのだろうか？

人は、人のために生きているのではない。やりたいことをやり尽くすために生きていることを、忘れてはならない。

人のために尽くすのがやりたいことだと言うなら、それはそれで結構だろう。しかしそれが目的になった途端、自己犠牲などという表現で美化されてしまう。

絶対に美しくなんかない。自己犠牲は、しょせん無駄骨だ。

組織に依存を続けていると、「みんなのため」という自己犠牲が正義を持ち、個人の意思や意見が押し潰され、成長が阻害されることに鈍感になってしまう。

ポジティブな結束感があったとしても、僕はそんな環境を肯定できない。

リスクを取り、結束感の幻想から解放されよう!

組織には、もう依存できる信頼性はない。

何をしたいのか、どこに行きたいのか、何が好きなのか。絶対に人に譲れない、自分だけのルールは何だったのか。己に深く問い続け、つかんだ答えを大胆に実践していくことで、人生は真に豊かになっていくと信じている。


組織が信頼できるものでなくなったのは、働き手にとってチャンスだ。身の丈に合った仕事と収入を、自分の思考と意思で探し出せる好機を得られたと考えよう。

そもそも、安心を得るという考え方を捨てるべきだ。

「家を買えば安心」「いい保険に入れば安心」という常識も根強く残っているが、リテラシー不足による誤解に過ぎない。移動の制限にとらわれる持ち家や、他人の掛け金に乗っかるギャンブルの生命保険なんかに、絶対にお金を使ってはダメだ。

安心を積み上げるより、やりたいことをたくさんやろう! その方が、組織や家や保険に縛られているより、頼りになる成果を得られるはずだ。

非常識
1

06

パソコンはいらない。スマホ片手に仕事を回す。

スマホというツールが世に出て、10年余りになる。わずか10年で、世界の情報インフラを支える必須のツールとなった。

一方で最近、パソコンへ回帰する流れも起きている。「スマホはただの消費端末だ」「スマホしか使っていないと、高収入を得る仕事には就けない」という意見が挙がっており、若い世代へパソコン習得が勧められているようだ。

SNSでも、ビジネス系のインフルエンサーたちが、この問題を提起している。スマホは搾取される側のツールであり、パソコンを使う側にいなければ、お金を稼ぐことはできない。だからパソコンを使える最低限の能力と教養を身につけておかないとダメだ、と言いたいのだろう。

スマホが単なる消費端末ではいけない、というのは、そのとおりだろう。

しかし「スマホより、もっとパソコンを使え」と言われたら、それは違う！　と僕は反論したい。

パソコン回帰派は不安をあおる情報に揺さぶられ、自分たちが使いこなせていないスマホを悪者にしたいだけではないか。僕からしたら、工夫不足を棚に上げた、問題のすり替えのように思う。

人は、すすんで不安になるような情報を見たがるものだ。パソコンが使えないと、高収入を得られないというのは、あくまで一面的な事象であり、真に受けてはいけない。風説ぐらいにとらえるのが正しいだろう。

まさか本気で、スマホのせいで人はバカになると思っているのか？　だとしたら、スマホがなかった時代の方が人々のリテラシーは高く、国民の平均収入は高かったはずではないか？


スマホで大切なのは、「見る」「楽しむ」だけでなく、「使う」ことだ。消費端末で完結させてはいけない。

スマホのせいで、若者の読み取り能力は低下したとも言われるが、的外れもいいところだ。大量のテキストに常時触れられるスマホほど、読み取り能力を鍛えるのに効果的なツールはない。

お金を稼ぐために必要な能力や教養を、スマホで磨いていく努力が大切だ。

スマホで稼げないというのは、パソコンがどうのこうのではなく、根本的に使い方がよくないのだ。便利な情報端末ぐらいに考えていると、本領を発揮できない。身体の一部として徹底的に使い尽くせば、稼ぐ能力と教養を磨いていける。若い世代に習得させるべきは、パソコンの使い方より、ツールによる正しい頭の鍛え方だ。

「スマホでは稼げない」からといって、パソコンへ回帰すれば問題解消、とはならないだろう。スマホで搾取される人が仮にパソコンに戻り、使いこなせるようになったとして、稼げる側に回れるだろうか？　スマホで時間もお金も搾られているマインドの人が、使うツールを古くして、どうして変われるというのだ？

なんとなく芯を突いたような情報に惑わされ、新しいテクノロジーを悪者にするのは、古い常識に洗脳されている証拠だ。

洗脳に従う安心感に浸り、大切な問題をすり替えるのは、進化を拒むことに等しい。不安をあおる、旧時代の常識に惑わされてはいけない。

スマホだけで億万長者になった起業家が、何人いるか？　スマホ環境だけで回っている経済圏が、どれほど巨大なものか？　検証するまでもないだろう。

非常識 1

07

僕がビジネスで
成功したのは、
他人と同じことを、
他人以上にしつこく
やってきたから。

1990年代に会社経営を始めた僕は、同年代の起業家たちのなかでも飛び抜けて、成功できたひとりだろう。自分では成功できたとは思っていないのだけど、周りで失敗していく経営者たちを見ていると「それはうまくいかないよなぁ……」と、呆れつつ思っていたりした。

ビジネスに成功法則は、いくつかある。IT革命でビジネスの常識の大部分が変わったとしても、変わらず法則の上位にあるのは「しつこさ」だ。

昔、日本酒ビジネスを展開している知人に、「事業が赤字になってしまいました」と言われた。原因は、枡を2000個つくったことらしい。大量に売れ残り、在庫があふれ、困っていたそうだ。

僕は「なぜしつこく売りこまないの?」と、不思議でならなかった。

在庫が余っているなら、売っていけばいいじゃないか。

値段を下げるとか、友人や知り合いにしつこく声をかけて、売りこむ努力をすればいい。何かのプロダクトと掛け合わせたコラボレーションや、イベントで限定販売するなど、売れるための仕掛けをするのも手だ。

売れない、だから困っている……なんて、あっさりしすぎている。

しつこく、愚直に、やれることをやりきったの？　と、問いたかった。

ビジネスでうまくいかない人はみんな、しつこさが足りない。ある程度のマイナスを受けたとき、そこで諦めたり、「失敗した」と勝手にフィニッシュしてしまう。

損切りの判断としつこさ不足は、別の問題だ。

いくらでも改善できる余地があるのに、試行錯誤を怠けた自分を省みず、挽回するのを諦めるのでは、ただの負け損だ。

いい商品なのは大前提として、売る側にしつこく売り続ける人がいないと、売れるものも売れないのだ。そんな当たり前のことを、多くの人はないがしろにしている。


僕は謙遜でも何でもなく、人より優れた能力は大して持っていない。僕より計算がうまかったり、情報集めがうまい人はたくさんいると思う。だけど、しつこさだけは、誰にも負けない自信がある。

受験生時代は、しつこく暗記に取り組んだ。1日の時間を、食事と睡眠以外、すべて勉強に使いきった。起業以後は依頼された仕事の質を上げるために、やり直しや改善を昼夜問わず、しつこく繰り返した。

目標を決めて「ここまでやる！」と決めたものを、途中で投げ出したり、諦めたことは一度もない。どんなビジネスでも「まだやるの⁉」と呆れられるぐらい、僕はしつこさを発揮してきた。近年軌道に乗ってきた、WAGYUMAFIAやロケットの打ち上げも、何年も改善と新しいチャレンジをやめなかった、しつこさが原動力だ。

突破するのに大事なのは、特別なスキルや人脈、運やお金などではない。折れない心で、しつこさをルーティン化することだ。それだけで、諦めの早い周りの人たちを大きくリードできる。

メガネメーカーのオンデーズ社長、田中修治さんは店舗数が50店あったとき、毎朝全店に電話して、経営状況を聞いていたそうだ。2時間ぐらいかかる、手間のかかる作業だが、従業員たちの気持ちは引き締まっただろう。50店に毎朝電話するというしつこさが、オンデーズの堅調な経営を支えている。

仕事がうまくいかない人の原因の大半は、能力よりも、諦めの早さだ。

とにかく、しつこくやる！　技術やコツは必要ない。心の覚悟次第だ。

非常識
1

08

甘え上手が最強。弱い自分をさらけだせ！

自分のなかで一番を決めるのは好きではないのだけど、「堀江さんが最も大切にしているものは何ですか?」とあまりにたくさん聞かれるので、とりあえず「時間です」と答えている。それ以上、説明するのは面倒くさいので、詳しい理由は省く。シンプルに言うなら、時間とは、最も貴重な資源なのだ。

僕はふだんから、時間を1秒でも最適化するために、さまざまな技術を持った有能な人たちの助けを得ている。密度の高い人生は多くの人に助けてもらって、初めて成り立っているのだ。僕が立ち上げたたくさんの事業に関わってもらっている、何百人ものスタッフにはいつも感謝している。

僕はプログラムはできるし、お金の管理能力もある。ビジネスパーソンとしての総合力は、かなり高い方だろう。けれど、僕よりもっと出来のいいビジネスパーソンは、身近に何人もいる。レベルの高い人たちと一緒にいるから、何でもかんでも自分ひとりで処理してしまおうとは、思わない。

もしかしたら、ひとりである程度、うまくできるのかもしれないが、それで余分な時間が取られてしまうタイムロスを避けたいのだ。

他人に任せられる仕事は、他人の手を頼りまくることをまず選ぶ。人に任せたぶん、別の新しいことに時間を注ぎたいのだ。

手柄が任せた人のものになるのも、抵抗がない。時間がもらえるなら、手柄なんかどうでもいいのだ。

サラリーマンには、自分ひとりで何でもこなしたい人がいる。部下や同僚の能力を下に見て一匹狼を気取り、ひとりで仕事を進めてしまう。それがストレスフリーだと言うなら結構だが、賢い生き方ではない。

自分を使うだけで、人を使うのが下手なヤツは、いずれエネルギーを使い果たし、倒れるだろう。そのとき、誰かが助けてくれるだろうか？

いまの時代、何でもできる！　というアピールは得策ではない。できるヤツは、上にいくらでもいるのだ。能力アピールより、できない自分をさらけだし、「助けて」と平気で言える人の方が好感を持たれる。助けてくれる人も集まりやすい。

ひとりで何でもやろうとしてはいけないのだ。逆に成長のスピードを遅くする。

お金を出せるなら出していいし、手の空いている同僚や部下に遠慮なく振ってしまおう。優れた人に甘え倒すのが、賢いビジネスパーソンだ。

組織のなかでの協調性を高めよう、などと言いたいわけではない。別に周囲のご機嫌を取る必要なんかは、ないのだ。やりたいことをよりスムーズに、大きなレベルで進めていくには、周囲のスキルを使わせてもらった方が、実利は大きい。

遠慮したり意地を張らないで、他人の手を借りまくろう！

あなたの面倒な仕事を引き受けたがっている人は、必ずいる。

何でも人任せで甘ったれるのは論外だが、自分が苦しいときに無理して強がるのはいけない。何の得にもならない。弱さをさらけだす勇気を持とう。

弱みをさらけだし他人を頼る人は、嫌われてしまうと勘違いしていないか？　誤解だ。弱みを躊躇なくさらけだせる人は、逆にモテるのだ。

人は、「助けて」と口に出して言う人を、助けたいと思うようにできている。基本的に、人はみんなおせっかいなのだ。

堂々と頭を下げ、できる人の厄介になってしまおう。

非常識

2

【時間の使い方】

動き出す前にじっくり考えない

いまの時代に突き抜けた
成果を出すには、
準備は不要だ。
準備している間に、
得られるはずのチャンスは、
あなたを通り過ぎていく。
準備の何倍も頼れるのは、
情報を取りにいくスピード感と、
旺盛な行動意欲だ。

非常識
2

09

アイディアを抱えているより、酷評を受けろ！

著書で僕は、行動の重要性を繰り返し説いている。何かを始めようというとき、準備を整えたり、考えを練っていたりして、立ち止まっているのは完全なる無駄だ。とにかく、いますぐ動き出そう！　優れた思考から、物事は始まらない。行動からしか、何も始まらないのだ。失敗を恐れ何も行動しないことが、最大のリスクだ。

行動するときに役立つのは、SFの想像力だ。

1969年、アポロ11号は月面着陸に成功した。月への旅という壮大なプロジェクトの始まりは、19世紀後半にジュール・ヴェルヌが著したSF小説の古典『月世界旅行』だと言われる。この小説をきっかけに世界の研究者たちは、月面旅行の計画を進めていった。大砲で人を月へ飛ばす無茶なプランも、実際に試みられた。

そんななか、ロシアの物理学者のコンスタンチン・ツィオルコフスキーが、人を月に送るには大砲では絶対に無理で、推進ロケットが必要という論文を発表した。

それが後に、ロケット工学の基礎となる。

SFの想像の世界が、現代の高度な宇宙事業へとつながっているのだ。

また、ＮＡＳＡの宇宙飛行士の宇宙服のデザインが、あのようなダボダボの袋状になっている理由は、一般的にはあまり知られていない。１９６８年公開のスタンリー・キューブリック監督のＳＦ映画『２００１年宇宙の旅』に登場した、ディスカバリー号の乗組員の宇宙服がモデルになっているという説がある。ＮＡＳＡのスタッフにはハードなＳＦ映画・小説のオタクが本当に多い。あながち噂でもないようだ。

想像が、現実をデザインする。人間の頭で想像できるものは、必ず実現できる。

その実現を可能にするには、何をおいても、行動なのだ！

ビジネスで成功した者たちは、みんなアイディアに価値がないことを知っている。行動して設計図を描き、形にした者だけが勝利と報酬を手にしてきた。

Facebookの原型となるアイディアを提案したのは、ハーバード大学在学中だったウィンクルボス兄弟だ。だが実際にFacebookをプログラムから組み上げ、ソーシャルネットワーキングサービスにまとめたのは、マーク・ザッカーバーグだ。

ザッカーバーグはウィンクルボス兄弟に訴えられ、兄弟は賠償金で大富豪になるのだが、世界の経済史に名が残るのはザッカーバーグだ。アイディアは思いついた人ではなく、形にした人が偉いのだと証明する事例だ。

検索エンジンを使えば、無尽蔵にアイディアは得られる。自由に発信することもできる。だが、ほとんどは形にならない。「こんなアイディアを思いついた俺はすごい」と、自画自賛している人は多いが、実際に形にしようと行動する人は、わずかだ。

つまり、スピーディに行動するだけで、横一線の状態から抜け出せる。

考えるのはほどほどにして、まず動き出そう！　立ち止まったままで、成功するチャンスを失うリスクは、スピーディな動き出しで消していける。

形にしてみたら、こんなくだらないもの……と、酷評されるかもしれない。それで結構ではないか。形にすれば、価値は少なくともゼロではないのだ。

1でも2でも、価値を自ら創出しよう。ゼロよりひとつでも何かを足していれば、後でレバレッジをかけられる。いつか違う大きなチャンスになるかもしれない。

ゼロで留まっていてはダメだ。動き出さないまま、ゼロのアイディアを抱えていたら、寝て過ごしているのと変わらないのだ。

非常識
2

10

メールに礼儀不要。「ひと言で即レス」だ。

有能なビジネスパーソンの条件とは？　第一に挙げられるのは、レスの早さだ。

多くの案件を抱え、たくさん稼いでいるビジネスマンほど、メールは即レスを心がけているという。レスのスピードが能力とどのように関係しているのかわからないが、たしかに僕の周りの優秀な人は、みんなレスが早い。しかも内容が端的だ。

僕もスタッフなどから質問のLINEが来たら、すぐに「おけ！」「りょ！」と、短く返信する。心がけというより、それぐらいの返信で済むような案件しか僕のところには届かない。だったら1秒でも早く返すのが、当たり前だろう。

メールのレスが遅く、しかも内容がグダグダと長い人は最悪だ。そういう処理能力が低い人に限って、「大変お世話になっております」「お待たせした無礼を深くお詫び申し上げます」など、本題にスッと入らず、読んでいるだけでイライラさせられる。

メールの送り手は、礼儀正しい返信を、期待しているのではない！

問い合わせの返事が秒速で戻ってくるのを、期待しているのだ。

遅いうえに長いメールは仕事の工程のテンポを落とすだけではない。相手の時間を奪う、悪質な行為だと思ってほしい。体裁とか礼儀とか、手紙じゃないのだから、どうでもいいだろう。メールは、ひと言で即レスを心がけよう。

そもそもメールを使う必要が、あるのだろうか?

ＬＩＮＥやSlack、Messengerなど、短いコミュニケーションを高速でやりとりできるアプリを組み合わせれば、連絡業務は充分回せるはずだ。テキストや図版をチェックすることもできる。長い文章向きではない仕様だから、必然的に文章を短くまとめる技術も磨かれると思う。スマホのＳＮＳアプリで連絡事項がすべて回せないようだったら、仕事の最適化がまだまだ足りていない証拠だ。

僕は電話で重要なビジネスの案件を打ち合わせたり、スケジュールを確認することはまずない。すべてＬＩＮＥで処理している。ＬＩＮＥのいいところは、スピード感だ。ほぼ話しているのと同じスピードで、言葉のやりとりができる。「ん?」とか、「えーと、ちょっとこれは……」など、微妙なニュアンスも伝わりやすい。議事をグループで共有できるのも便利だ。テキストが残るから、記録になる。近年は西村博之さんなどとの対談の仕事も、ＬＩＮＥでこなしている。

いまのところコミュニケーションの手段は、ＬＩＮＥがベストだ。コロナパニック以降は、Ｚｏｏｍも浸透した。もう場所に出向く面倒は、負わなくていい。

新しいサービスが今後台頭してきてどうなるかはわからないけれど、「相手の時間を奪う」電話のようなツールは、もう役目を終えているだろう。

短いメッセージをスピーディに、テンポよく回していくのが、質のいいコミュニケーションだ。SNSだけでやりとりしていると、「あいつは心のこもったメールが書けない」とか「非常識なヤツだ」と、悪く言われることもあるだろう。気にしてはならない。目的を最適化して時間を増やしていくための工夫に対して、心だとか礼儀だとかを持ち出してくるタイプの人とは、付き合ってはいけない。すぐ切り捨てよう。

時間のコスパ感覚の薄い人と付き合い続けても、何もいいことはない。余計なストレスを抱え、パフォーマンスは落ちる。足を引っ張られる付き合いは、ばっさり整理して、自分の時間を守ってほしい。

多少、失礼になったとしても構うことはない。他人に時間を渡すのは、自分の人生に対して大きな失礼となる。自分への礼儀を欠くような人間になってはいけないのだ。

デジタルツールを使いこなし、テンポのいいコミュニケーションで、快適な人間関係を築いていこう。

非常識
2

11

時間のショートカットに「借金」は役立つ。

僕は中学生のとき、プログラミングに熱中していた。専門誌に投稿して掲載料をもらったり、プログラミングスキルが上がってくると、さらに性能のいいパソコンが欲しくなった。新しく買いたかった機種は、数十万円もした。お小遣いではまるで手が届かなかった。そこに廉価版の機種が発売された。ダメもとで親に相談してみると、意外にも「買ってもいいだろう」という返事だった。ただし「代金を貸す。そのお金は、新聞配達のアルバイトで返しなさい」ということだった。

親に金を貸してやると言われてから、僕は毎日コツコツ新聞配達を続けた。毎朝早朝5時に起きて、自転車で100軒以上の家に新聞を配るのは大変だった。でも新しいパソコンのために頑張った。そして念願の機種のパソコンを買ってもらい、親には数ヶ月で借金を返済することができた。

この経験で僕は、前向きな借金は、すすんでしてもいいという考えを培った。時間をショートカットして、欲しいものが得られるなら、借金は全然OKだ。

お金を返せなかったらどうしよう……という迷いは捨てていい。やりたいことを先延ばしにする時間の浪費の方が、もったいない。それは僕の揺るがない信条となった。

初めて会社を起こしたときも、資金は借金からのスタートだった。600万円を人から借りた。当時は23歳の東大生。実績ゼロの若者が背負う金額としては大金だった。普通の若者なら躊躇すると思う。自己資金を貯めてから起業しなさい、とアドバイスされるかもしれない。でも僕は、少しも怖じ気づかなかった。

借金の心配より、インターネットビジネスの無限大の可能性にワクワクしていた。起業してほどなく、IT革命の巨大なムーブメントに乗り、僕は若手起業家としてビジネスの世界を駆け上がっていった。数年で、600万円の借金の10倍以上ものお金を動かせるようになった。借りたお金は、1年ほどで完済できた。

一度も、借金を後悔したことはない。借金したお陰で、僕は普通に大学に通っていたら見られなかった景色や、素晴らしい体験を得られた。

借金は、決してネガティブなものではない。本気でやりたいことに対して、大胆に挑む勇気を発揮できた者に許される勲章だ。

やりたいこと、本気で欲しいものにお金が必要なら、さっさと借りて願いを叶えてほしい。お金を用意している間に好機を逃したら無意味だ。短縮すべきは、願いのサイズではない。時間だ。スピーディに行動することを優先しよう。そのためには遠慮なくお金を借りていい。

学生だった僕が自分で600万円を用意するには、1年ぐらいはかかったと思う。その1年の遅れで、インターネットバブルに乗れなかったかもしれないし、同世代の面白いビジネスパーソンたちとの出会いのチャンスも逃しただろう。

借金は、チャンスを逃すリスクの回避策だ。

プライドや恐れは捨て、お金を貸してくださいと、頭を下げて回ろう！

借金はいけないという風潮も、大いに問題だ。「貯金は美徳」の常識とセットにある、おかしな風潮だと思う。借金は、怖いものではない。お金を借りたい人と、お金を貸したい人との相互扶助システムが進化してきたいま、借金のリスクはいくらでも軽減できる。融資の頼み先は、銀行に限らない。ソーシャルレンディングやクラウドファンディングなど、資金のない人が他人からお金を借りてビジネスを始める方法は、たくさんある。シェアエコノミーを利用して、経費も減らせるはずだ。

若いうちは、投資のレバレッジが、いくらでも利かせられるのだ。

お金がない？　だったら信用できる人に、借りればいい。それが正解だ。

非常識
2

12

欲しいモノは、何でも、秒で買うこと。

僕は空気を読んだり、他人に忖度することはせず、思いついたことを好きなように発言している。熱心に支持してくれる人は多いが、アンチも多い。著名人が的外れな論理で、僕を批判してくることもある。

どう思われようと、まったく気にしない。誤解を解くために丁寧に説明するのも鬱陶しいので、放置する。

わかる人は、わかってくれるのだが……ホリエモンはカネの亡者、常識知らず、弱者の敵という、アンチ側のイメージでインタビューに来られると、非常に不愉快だ。何度も言っているのだが、あれはホリエモン語録でもなんでもない。「金で買えないものはない」なんて、一度も言っていないのだ。

朝日新聞が、球団買収騒動の頃に、記事のタイトルに勝手につけたフレーズだ。本当にいい迷惑だ。

「金で買えないものはない」は、僕の考えではない。

しかし「金で買える、欲しいものは全部買え！」というのは、僕の意見だ。

多くの人が買い物を我慢しているのは、貯金の呪縛によるものだ。消費することで財布の中身は減り、貯金が削られる。持ち金が減ることの恐怖心は、現代人はすさまじい。買い物での無駄な出費は、代表的な「損」のひとつなのだろう。

貯金が10万円しかないのに、100万円のジュエリーを買うのは、たしかにバカげている。分不相応な買い物は身を滅ぼすだけだ。しかし、持ち金は足りているのに、「これから何か大事なことで出費するかもしれない」「貯金はなるべく崩したくない」というブレーキで、欲しいものを我慢するのは、間違っている。

モノが欲しいというのは、その人にとって有益な情報が、モノに付与されている表れなのだ。便利だったり、快適さを高めてくれたり、新しい出会いを引き寄せたり、ポジティブな効用のある情報を手に入れるチャンスである。みすみす見送ってしまうのは、バカバカしいことだ。

貯金を丸ごと使いきれとは言わないが、些細なブレーキで欲しいモノを我慢してはいけない。特に最新のガジェットは、欲しい！　と思ったら、すぐ買うべきだ。

できる経営者や投資家は、みんな持ち物は少ないけれど、デジタル製品など新しいガジェットは、誰よりも早く入手している。情報感度の高い人間には、レベルの高い情報と人脈が集まるようになるのだ。

欲しいモノは、その場で買ってしまおう。優れた情報、または体験を得るチャンスを逃してはいけない。

情報は、狩りにいくものだ。狩猟者の意識でインプットを行い、頭のなかで料理して、アウトプットにつなげる。

そうしなければ情勢の変化の激しい現代を、生き抜いてはいけない。

貯金の洗脳を振り払い、欲しいモノには惜しまず出費しよう。

情報を狩るために、講演会やセミナーに行く人も多い。行く前に、本当に意味がある場なのか？　と、まずは考え直してほしい。講演会やセミナーで手に入る情報は、講演者の著作やブログで語られているものと同じ場合が多い。お金と時間を費やすほどの価値があるだろうか。語り手と同じ場所にいるライブ感の高揚は、たしかに心地いい。だが、情報収集という観点からは、効率のよい方法とは言えないと思う。その講演者の著作を買って読んだ方が、早いのではないか。

モノを買うことで時間を活かせる場合があるのだ。

非常識
2

13

「もう少し我慢しよう……」よりも「はい次！」の精神。

僕はライブドアの立ち上げ当初、部下たちのミスがあまりにも多く、怒ってばかりいた。「なんで言ったことができないの⁉　バカじゃないのか！」と、現場で怒鳴りまくっていた。怒りたいときに怒るのは、大事だ。でも怒り散らして、チームのパフォーマンスや成果が上がったことは、ほとんどなかった。僕もまだ20代で若かったし、当時の部下たちには申し訳ないことをしたかもしれない。

そのとき、身をもって学んだ。怒りを吐き出すより、怒りの理由をきちんと解析して次の対応策に活かすことが大切だ。

ビジネスで肝心なのは、改善と再発防止だ。怒ったって状況は変わらないのだ。ミスがあったら切り替えて、最適解を考えるようにしよう。

最適解が、どうしても見つからない場合もある。ミスレベルでは済まない、致命的な失敗を犯したときだ。自分の能力不足だったり、準備不足だったり、単に確認の不備などで、誰でもしばしば、大きな失敗をしているだろう。よくビジネス書や、経営者の指南書などでは「自分を責めるのをやめよう」とか「嵐が過ぎ去るまで我慢しよう」と説かれている。しかし僕はまったく、そんなアドバイスにはピンとこない。

大事なのは「はい次！」の精神だ。

過ぎる時間は、待ってくれない。クヨクヨと落ちこむような後ろ向きの態度にエネルギーを浪費するより、次の対応策の実行に素早く移ってほしい。

怒りとか落ちこみを封じこめろ、と言いたいわけではない。本当に辛いときは爆発させないとストレスになるし、わめいたり、泣きたいときは泣いてもいいと思う。

感情を、思うにまかせて爆発させる。その後は、「はい次！」と気持ちを切り替えて、改善と再発防止に努めてほしいのだ。

ずっと落ちこんでいたり、イライラし続けるだけで対応策を練らず、事態を放置しているのは最悪だ。ネガティブな感情は「捨てる」ものではなく、上手にコントロールして再発防止の取り組みに活かすのが正しい使い方だ。

ライブドア事件では、僕は元の部下だった人たちに裏切られた。あまりにも理不尽な手のひら返しの裏切りで、普通なら人間不信に陥ってもおかしくなかっただろう。けれど、彼らに対しては、当時もいまも怒りの感情は持っていない。本当だ。

逆に、裏切りにあって以降のいろんなトラブルや事後処理の疲れで、会社組織はもういらないと心から思えるようになった。

組織づくりを「捨てる」方針への転換。これは僕にとっての「はい次！」なのだ。

かつて僕は、長野刑務所での収監を経験している。収監は、究極に近い罰ゲームだ。つらい状況だったけど、落ちこんだり、挫けていたって、しょうがないのだ。罰ゲームはやらなくちゃいけないと、決まっていたのだから。

厳しく自由が制限された環境のなかで、楽しみや喜び、やり甲斐を見つけることが大事だ。僕は収監中はたくさん本を読み、メルマガの発信を続け、思考で頭を満たす修練をやめなかった。支給される食事やお菓子、テレビ視聴の時間、仲間から届く手紙に、小さな楽しみを見いだした。そうすることで、厳しい環境の方が少しずつ変わっていき、自分にとって有益な体験をひとつずつ増やしていけた。

環境は、自分で変えられる！　落ちこんでいるだけで、改善する環境はないのだ。

どんな厳しい環境でも、「はい次！」で幸せを見いだそう。

それが、人の知恵と想像力の発揮しどころではないか。

非常識
2

14

修業は避けろ！
考えながら
急いで回れ。

僕は著書などで、「修業はいらない」と主張している。いくつもの事業を手がけた後に、思ったことではない。子どもの頃から、同じような気持ちだった。

修業は、まぎれもなく時間の浪費だ。寿司屋の修業を例に取ろう。昔の寿司職人の修業といえば、高校卒業か早ければ中卒で店に入り、皿洗いなど雑用を数年こなす。その後、焼き物を担当してまた数年。師匠から包丁さばきや、料理のノウハウを教わるようになるのに、気づいたら10年という流れが当たり前だった。

独立できるのは、もう40代だ。そんな修業の時間は、完全に無駄遣いである。

美味しい寿司のつくり方は、YouTubeやレシピ動画で公開されている。見たまま数ヶ月も真似れば、数十年修業した腕前と変わらないレベルの寿司を握れる。

短期で料理法を教えてくれる学校や料理教室も、たくさん運営されている。料理のスキル獲得は、ネットで見つけた動画の独学で充分だ。僕がそう言うと、古い料理界から激しく批判された。「長い修業を積んでこそ、料理人の真の腕は磨かれるのだ！」と。実際はどうだろう。寿司屋での修業は一切せずに、寿司学校で学んだ経験だけのオーナーが開店した寿司屋が、いまではミシュランに掲載されている。まったく料理経験のなかったオーナーがラーメン店を始め、大行列ができている例も少なくない。

味と修業期間の長さは、比例しない。美味しい寿司を握るには、人生の貴重な時間を削り取らねばいけないという、悪い意味でのトレードオフな常識が、根強く固定化してしまっている。改善すべき、誤った常識だ。


僕が育ってきたインターネットの世界は、まったく逆の開放的な世界だった。

システムを構築している多数のプログラムは、オープンソースで公開されていた。それらを僕ら若いエンジニアが勝手に書き直し、バージョンアップしてビジネスに応用した。バグもセキュリティホールも、エンジニアたちが寄ってたかって改良した。

職人の世界での「技」とか「秘伝」を、僕たち当時の若者が自由に共有できた。誰でも使えるから改良は早く、新しいプログラムや技術がものすごいスピードで次々につくられていった。インターネットは、開放と共有の整った世界だった。だからこそ、IT革命から数年で、世界の隅々まで広がったのだ。


みんながスマホを手に持っている時代に、閉鎖的な修業を強いるような仕事場は、完全に終わっている。時間をかけないと得られないスキルなんて、もう存在しない。要は、勝手に苦労した上の世代が、「時間をかけないとうまくならない」という洗脳に必死にしがみついて、下の世代に苦労を強いているだけではないか。

誤解されてはいけないが、僕は修業したいという人の意欲は、否定しない。下積み修業をして、たしかなスキルを身につけてから世に出ようという覚悟は、悪いものではない。自信創出のために必要な時間なら、好きなように修業したらいいと思う。

だが、修業はスキル習得の絶対条件だ！　という意見には、真っ向から反対する。修業したければしてもいいけど「欲しいスキルは独学で、すぐ身につく時代だよ」という真実は、強く伝えたいと思う。

修業すれば人間力が身につく、などと言われるが……そんなわけないだろう。だったら下働きし続けた中年はみんな、修業時間に比例して優れた人格を備えているはずだ。社会を見渡すと、決してそんなことはない。だいたい人間力なんて抽象的すぎる基準を盾に、これからの若者から大切な時間を奪うなんて、傲慢にも程がある。

修業時間がありがたがられる時代は、とっくに終わっているのだ。

非常識
2

15

商談中も会議中も、知らないことはググれ！恥ずかしがるな。

日本の義務教育で行われている教育の大半は、意味がない。教科書に載っている知識はほぼすべて、ググればわかるものばかりだ。検索すれば数秒で済む知識の習得のために、1日6~7時間、200日以上、黙々と通学しているのだ。

はっきり言って、いまの義務教育の大部分は、子どもたちの時間のすり潰しだ。

実は文科省も頭のいい大人たちも、みんなわかっているはずなのに、認めようとしない。教育利権は相当に強固で、多くの団体や従事者が不利益を被るから、「勉強はググるだけでOK!」と、本当のことでも大っぴらに言えないのだろう。

誤解されてはいけないが、「学校はいらない」と言いたいわけではない。高校は、もう必要ないと思うが、最低限の思考力や生きていくのに重要なベースの教養は、義務教育の段階で修めておくべきだろう。

それは、いま使われている教科書の数式やら問題を解くことでは培われない。複雑な世の中の仕組みを基礎から理解する、概論をきちんと学ぶべきだ。

例えば少し前に、仮想通貨のビットコインが大流行した。お笑い芸人やタレントなど、インターネットに詳しくもなさそうな人たちが、こぞってビットコインを買い漁った。しかし、大多数の人はビットコインの仕組みを知らないし、ブロックチェーン技術の原理もわかっていないまま、お金を投じまくっていたのだろう。

仮想通貨については、僕の著書『これからを稼ごう』を読んでもらえると、理解が進むと思う。仮想通貨は、中央集権国家のシステムに成りかわる、新たな秩序になるかもしれないデジタルツールだ。その歴史は始まったばかり。相場は、誰にも見通せるものではない。今後さらに下落するかもしれないし、急にまた上がるかもしれない。「仮想通貨に賭ければ大儲けできる！」という、狭い解釈の雰囲気に乗っかって、多くの人が大損した。みんな、原理とか思想概論を知らないで、お金を投じまくっていたの？　と、驚いてしまった。

理解していない経済活動に、大切なお金を、簡単に払う。そのリテラシーの低さは、ひとつの社会問題ではないか。大損した例は、笑い話ではない。

仮想通貨のような未成熟の技術に、どのように向き合うべきか。これから社会に必要になるかもしれない、発達途上のツールの仕組みを誤解されないよう、子どもたちに教えるのが義務教育の本当の役割だ。お金の理解を高める投資の基礎や、法律の基本なども教えておいてほしい。

教科書をなぞったテストの点数を上げるような能力は、ググるだけで充分足りる。

2020年以降、根本的な教育システムの改革は急務だと思う。

テストの点数が偏重されすぎて、「知らないことは恥」という間違った常識も、学校教育から始まっているように感じる。知らないことはすぐググれ! と言っても、多くの人はやろうとしない。面倒くさいのじゃなくて、ググること自体が恥ずかしいと思っているのではないだろうか? 知らないことを放置して、新たな気づきや学びを獲得するチャンスを逃す方が、よほど恥ずかしい。

若い人には、図々しいぐらいの検索力を身につけてほしい。わからないことは、すぐ調べよう。会談中や商談中でも、スマホで検索しよう。それも大事な行動だ。

専門外の情報や知識については、専門家や熟練者にどんどん聞こう。

相手の時間を奪うので、質問力も鍛えておかなくてはいけない。

知らないことを知るのは、楽しい作業なのだ。恥ずかしいことなんかではない。

多くの未知に出会い、自分で解いていくことで、人生は面白みを増していくはずだ。

非常識

3

【習慣にすること】

没頭すればバランスは必要ない

バランスのとれた
オールマイティープレイヤーは、
世にあふれている。
何でもそつなくこなせる人材を
目指していたら、
埋もれて消える。
アンバランスで結構。
目の前のひとつに、
わき目もふらずのめりこむ、
3歳児のように生きよう。

非常識 3

16

僕が唯一従うのは、のめりこんでいる自分だけ。

これまで学生時代、経営者時代を通して親や教師、年長の大人の教えに従ったことは、一度もない。僕が従っていた相手は、何かにのめりこんでいく自分自身だった。のめりこみ、没頭しまくる。

気がついたら何時間も、何日も経っていることは、しょっちゅうだ。

没頭が、僕を多くの遊びやビジネスとの出会いに導いた。お金や学び、そして生きていく楽しさを教えてくれたのは、家庭や学校ではない。没頭体験がすべてだ。

自分は特に優れた才能や能力を持っているとは思わないけれど、没頭力だけは、誰より抜きん出ているかもしれない。

多くの人たちは、自分の行く道を見失っている。

意識的に、動き出せばいいのだが、何をしたいのか、何を求めているのか、本心の見きわめが不足のまま動き出しても、動き出した「気分」のまま留まってしまう。

「気分」では、没頭が足りないのだ。だから何も、実にならない。

自分への問いかけを終えて動き出せば、必ず実になるまで、没頭できる。

「こんなのできっこない」と、自分に行動のブレーキをかけているのは、一番よくない。親や学校に根拠のない常識を押しつけられ、長い時間かけて「そんなことをしてはいけない」というブレーキを、頭に刷りこまれてきた。

没頭できない体質は、半分はあなた自身のせいではない。半分以上、日本社会の教育制度が深く関わっている。そんなものに縛られる利点は、一切ないのだ。

情報を浴び、思考を続け、やりたいことを見つけたら、あとは没頭すればいい。

逆に言えば、没頭することにブレーキをかける人ばかりなのだから、「ハマる」ことを実践しただけで、才能なんかなくても飛び抜けた成果を得られる。

自分を没頭に追いこむ、いい方法がある。「自分の決めたルールで動く」ことだ。

趣味でも恋愛でも、ビジネスでも、自分でプランを立て、実行する。他人はいろいろ意見を言ってくるかもしれないが、すべて無視だ。「自分ルール」を定めて、そのとおりに、気持ちのままに動いていこう。

自分のルールで動いていると、工夫の喜びや達成感が湧いてくる。思いがけない縁や、新しい展開も引き寄せるのだ。

常識とか世間体に、とらわれることなんかない。3歳児の気持ちで、好きなことだけに没頭すれば、必ず支えてくれる人が現れる。

僕自身、主宰しているオンラインサロンをはじめ、世界各地で行っていた祭りや万博イベント、レストランのプロデュース、アーティスト・役者業、こうして本を書いている作家業など、多くのビジネスはすべて、没頭から生まれた。

楽しいから、やる。好きだから、やる。自分で決めたから、やる！

そうやって始めた物事は、どういうわけか面白い人脈や、大きなお金を引き寄せる。そして平凡な日常から、刺激に満ちた世界へ連れて行ってくれるのだ。

他人の言うことを聞いて、ブレーキをかけているようではいけない。事故を起こさない安全運転で行けるかもしれないが、行き先は誰かによって決められてしまう。

他人の描いた地図に沿って行くのではなく、自分で地図を描いて行く冒険の方が、楽しいに決まっているじゃないか？

あれこれ周りを気にしないで、やりたいことに没頭しよう！

非常識3

17

『アリとキリギリス』のキリギリスのように年中遊んでOK！

子どもの頃、僕たちは親や学校から『アリとキリギリス』の寓話を聞かされた。汗水垂らしてコツコツ働き、充分な蓄えを持つ者＝アリが生き延び、蓄えずに遊んでいた者＝キリギリスは飢え死にする。それがメッセージだ。

真面目に働ききちんと蓄えをしておくことは、悪いことではない。でも、と僕は疑問に思う。アリたちは、飢えてしまったキリギリスを見捨ててよかったのだろうか？

蓄えを持たないで、いまに夢中になり、遊んで暮らす。それは、死んでも仕方ないような、悪い選択だったのか？

『アリとキリギリス』は、「働かざる者食うべからず」のことわざと一緒に、自業自得の戒めとして、僕たちに教えられた。額に汗して働く人生こそが理想で、そうしなかった者は、悲惨な最期を遂げても仕方ないのだと。現代人が長く洗脳されている、「貯金信仰」の象徴的な話だ。

有限の食糧に頼っている旧時代の生活の設計ならば、『アリとキリギリス』の教訓は、一理あったかもしれない。しかし、現代はどうだろう？　500円で一人前の牛丼が食べられるし、スーパーでは毎日、大量の食材が廃棄されている。コツコツ貯めた蓄えがなくても、飢え死にする人は滅多にいない。

アリの生真面目さも大切だ。しかし飽食の時代となったいまこそ、キリギリスの愉快なサービスが、価値を持って求められるのではないだろうか。


アリたちは、歌や娯楽を提供してくれるキリギリスに食べ物という報酬を渡して、救ってあげるべきだった。遊んでいたヤツは飢え死にしろというのは、あまりにもひどすぎる。真面目に働く勤勉さと、楽しみや遊びを周りに提供する才能は、同じ価値であるべきだ。同じように、食べていける能力ではないか。

アリもキリギリスも飢えず、幸せに暮らせるのが、本当に成熟した社会だ。僕たちは、もうそういう社会を生きている。

生きていく必要条件は、蓄えだけではないのだ。

貯めずとも、幸せに生きていくことはできる。有効に蓄財を使いこなし、遊びや娯楽を優先していく幸せも、認められていいはずだ。『アリとキリギリス』のアリが、音楽や踊りなどの娯楽を提供してくれるキリギリスを失って、その後も幸せに生きられているとは、僕には思えない。

キリギリスが飢え死にするパターンは、もう古い版で、最近の『アリとキリギリス』の絵本では「アリがキリギリスに食べ物を分けてあげる」話が、主流になっているらしい。それはいいのだけど、助けてもらったキリギリスは心を入れ替えて、冬を越してからはコツコツ働き、食べ物を蓄えるようになるというのだ。

驚くべき、「貯金信仰」への改宗の強制だ。

貯めない者は飢え死にする。そんな常識は、もう旧時代のものだ。

キリギリスのように、お金を使いまくって遊び続けてもＯＫ！　その才能で誰かの役に立ち、アリたちと変わりない報酬を得られる世の中だ。

貯金通帳を開いてみよう。残高の数字は、あなたの生活の安心を保証しているものかもしれない。だが、あなたがいま失っている、たくさんの機会の総額でもあるのだ。

勇気を出して、お金を使わなかった後悔より、使う後悔を選んでほしい。

そして、本当にやりたいことに囲まれた人生を過ごそう！

非常識3

18

面白い「カオ」「コト」「ノリ」を持つヤツが結局勝つ。

目立つことなく、上の人の命令に黙々と従っている「常識の範囲内」の人材が、昔は重宝された。常識を備えていることは大事だが、常識を破る大胆さとスピード感を持った、いい意味で「常識の範囲外」の人材が、いまは求められている。

シンプルに言えば、ノリのいいヤツだ。

頭のいいヤツや要領よく仕事をこなせる秀才タイプは、いくらでもいる。しかし、このタイプが具体的な数字の出る分野で頭ひとつ抜け出すのは、なかなか難しい。

でも、ノリのよさで頭ひとつ抜け出すのは、簡単だ。イベントやプロジェクト、声をかけられた集まり、人に薦められたお店、面白い人の集まっているサロンなど、いろんな縁を得られたとき、一番乗りで「はい来ました！」と、顔を出せばいいだけだ。

僕の本はよく売れているが、読者のなかで僕の言ったとおりに、ノリよく行動した人は滅多にいない。体感的には1％ぐらいではないか。

行動が第一！　他人の目は気にするな！　好きなことだけやっていればいいのだ！　と、声を大にして言い続けているのに、みんな動かない。動かない理由は何？　と聞くと、自由に動き出すことの罪悪感や、動き出してしまった後の不安で、立ち止まっているという。ホリエモンの言うことはわかるけど、自分なんかが好き勝手やったら叱られるんじゃないか、周りから嫌われるんじゃないかと、自分を縛っている。教育洗脳の悪い影響だ。自己評価を低く刷りこむことで、「常識の範囲内」から動けないようにしている。

大丈夫だ。やること、楽しいことがあふれる世の中で、ノリのよさが嫌われる理由には、決してならない！　むしろノリの悪さは、疎まれる理由になるだろうし、せっかく未知の出会いを得られるチャンスを逃してしまう。

とりあえず、ノリを開放して、やってみる！　走り出す！

それだけで簡単に、「常識の範囲外」へ飛び出していけるのだ。

多くの人は、無数のチャンスがやって来ていることに、気づいていない。「性格的に合わない」「昔やって失敗した」「いまは時間がない」と、あれこれ理由をつけて、チャンスに飛びこまない。そして時間を潰し、人生をすり減らしていくのだ。

何もかも自分にフィットする、最適のチャンスが訪れると思うな！　オファーは全部、ノリよく引き受けろ！　と言いたい。

僕はいろんな体験を重ねているが、正直「僕がやるものか？」と首を傾げるようなものもある。でも、すべてチャンスだと考え、ノリよくやってみた。その結果、思わぬ化学反応が起き、いくつも大きなビジネスに変えていけた。宇宙事業やWAGYUMAFIAの事業も始まりは、知り合いに紹介されたノリからのスタートだ。

ロケットの打ち上げは、国内で民間初となる宇宙空間への到達に成功して、歴史に名を刻んだ。WAGYUMAFIAは、ポップアップイベントで世界各都市50ヶ所以上を回り、富裕層のグルメに知られる存在となった。元プロサッカー選手のデイヴィッド・ベッカム、Twitter創業者のジャック・ドーシーなど著名人もお客さんだ。

決して、僕に才能があったとは思えない。最初は、失敗だらけだった。

でも、走りながら微調整していくと、いつか突破の光が見えてくる。ノリと実践の掛け合わせにより、市場価値のある、内に秘めた才能が現れてくるのだ。

自分に才能がない？　当たり前だ！　立ち止まっているうちは、誰だって無能だ。

才能と実績は、意欲的に動いているうち、外から与えられるものだ。

これからは面白い「ノリ」、そして「カオ」「コト」を持っているヤツが結局、ビジネスでも恋愛でも、人生を通して勝つのだと、覚えておいてほしい。

非常識
3

19

「素人にできるわけない」の声には、「え？　できますけど」。

郵　便　は　が　き

料金受取人払郵便

神田局
承認

9528

差出有効期間
2022年7月
30日まで

「上記期日までは、
切手をはらずに
ご投函ください。」

101-8725

508

東京都千代田区神田神保町2-30昭和ビル
小学館集英社プロダクション
メディア事業局販売企画事業部
愛読者係行

ご住所	〒　　　電話番号　　－　　－			
フリガナ		男 女	年齢	歳
お名前				
メールアドレス （携帯メール可）				
お買上げ店	都道府県　　市町村区　　店 ※ネット書店の場合はサイト名をご記入ください。			
ご愛読 メディア	雑誌（　　　） WEB（　　　）	ご職業	a. 会社員　b. 自由業 c. 自営業　d. 公務員 e. 学生　f. アルバイト g. その他（　　　）	

※このハガキは、アンケートの収集、関連書籍のご案内、商品の発送に対応するためのご本人確認・配送先確認を目的としたものです。ご記入いただいた個人情報は、商品を発送する際やデータベース化する際に、個人情報に関する機密保持契約を締結した業務委託会社に委託する場合がございますが、上記目的以外での使用はいたしません。また、小社刊行物やサービスに関するご案内を郵送またはメールにて差し上げる場合がございます。案内を希望されない場合は、右の□にチェックを入れてください。

案内を希望しません→ □

ご購入いただき、ありがとうございます。今後の企画の参考にさせていただきますので、下記のアンケートにお答えください。

■ ご購入いただいた本のタイトル

〔　　　　　　　　　　　　　　　　　　　　〕

■ 本の評価

・装丁は… 1. 大変良い　2. 良い　3. 普通　4. 悪い　5. 大変悪い
・内容は… 1. 大変満足　2. 満足　3. 普通　4. 不満　5. 大変不満
・価格は… 1. 安い　2. 適正　3. 高い　4. 購入時に価格は気にしない

■ 本書を何でお知りになりましたか?

1.TV ／ラジオ／新聞／雑誌／ WEB 等の広告・紹介記事で
〔媒体名：　　　　　　　　　　　　　　　　〕
2. 書店で実物／販促物を見て　3. 知人に薦められて　4. 小社ホームページ
5.Twitter ／ Facebook 等の SNS　6. イベント　7. その他

■ 本書の何に惹かれてお買い求めになりましたか?（複数回答可）

1. テーマ／内容　2. 著者　3. 周囲の評判／評価　4. 装丁／デザイン
5. その他〔　　　　　　　　　　　　　　　　〕

■ 今後出版してほしいテーマ・ジャンルがあれば、教えてください。

〔　　　　　　　　　　　　　　　　　　　　〕

■ 本書についてのご意見・ご感想、または応援メッセージをお聞かせください。

〔　　　　　　　　　　　　　　　　　　　　〕

※上記のご意見・ご感想・応援メッセージを、匿名（都道府県・性別・年齢のみ記載）にて広告媒体や小社ホームページ・SNS 等でご紹介させていただく場合がございます。掲載不可の場合のみ、右の□にチェックを入れてください。

掲載不可→ □

ご協力ありがとうございました。

堀江貴文さんの本業は何ですか？　と聞かれて、咄嗟には答えられない。僕は稼ぐための仕事はほとんどしていなくて、面白いと思うことばかりしている。毎日、新しい情報と巡り合い、やりたいことが尽きない。やりたいことだけに時間を最適化させていくと、やりたいことが相乗的に増えていく感覚だ。

「面白い」と「やりたい」の循環に入れれば、時間はいくらあっても足りない。だから何よりも時間の捻出と最適化に努めている。費やすお金なんか、どうでもいい。

面白いことを逃したり、チャンスを失うのが、僕にとっては大きな痛手だ。

そうならないよう、1ヶ所に留まらず、いつも移動して新しい情報を浴び、刺激的な仲間たちと会い、感度のバージョンアップに努めている。

僕の財産は何かと問われれば、間違いなく経済力ではない。

何をしてきたか、誰と会ったか、どんな面白い意見を語れるか？　という経験値が、堀江貴文の最大の財産だ。

例えば、サロンの仲間たちと始めた日本酒づくりが、いろんな人の手を借りて実現した経験は、1億円のキャッシュを得る満足感より、はるかに価値がある。

僕だけの話ではない。経験値が本物の財産だと気づいた人だけが成功できるし、経済的にも豊かになれる。

「やりたいことをやっていたら、いつか食い潰す」と、昔の大人は言った。それこそ、とんでもない非常識だ。


自分には面白いことがない、と言う人は多い。シンプルに、感度が低いからだ。「やる」ことを重ねていない。「挑み」を実践していない。だから、情報のアップデートができないし、会う人は限られ、つまらない現在を固定してしまっている。

とにかく何でも、やってみる！　片っ端からやっていれば、必ずひとつかふたつは、思いがけない興味のスイッチが入る。やること自体が、楽しくなってくる。

自分で動き出し、意欲の循環に入ろう。

僕が普通の人より面白いものに囲まれているのは、生来の好奇心も関係していると思うが、人よりたくさん「やってみた」からだ。ビジネスの種類も、遊びの種類も、国内外の旅も、達人級に究めたものは少ないかもしれないが、とりあえず「やってみた」数は誰にも負けていないと思う。

やりたいことが現れれば、後回ししない。やれるとき、その瞬間に乗っかって、やってしまうことが大事なのだ。

できると思った順にチャレンジする。自分にできそうかな……？　などと躊躇している時間は無駄だ。できる理由だけを考えて、走り出そう。

ロケットの打ち上げも、和牛ビジネスの海外展開も、始めた頃、僕にできるかなとは、少しも不安に思わなかった。やる！　という気持ちでしか、動かなかった。

世間的には、「そんなこと、素人のホリエモンにできるわけない」と批判された。しかし「え？　やれますけど」という当たり前の気持ちで、突き進み続けた。

数年を経て、ロケットの打ち上げも、和牛ビジネスの海外展開も成功させた。

別に、どうだ！　とも思わないけれど、「やれるわけない」という圧力には、ずっと抗っていいたい。物事をやめる力ではなく、物事を変える力を信じていくのみだ。

お金は貯めていても、それ以上の価値を持たない。どんどん使って、「やりたいことをやる」体験を重ねることが重要だ。そうすれば自分の経験値とブランド価値は、自ずと高まっていく。

人脈や偶然で、人生は拓けない。経験が、人生を拓くのだ。

非常識
3

20

独占しない。
共有せよ。
富も体験も
無限に膨らむ。

ビジネスの成功者はみんな、人づかいの技に長けている。実績は高いのにプライドを持たず、できない自分をさらけだす。そして人の手を、平気で借りられる。成功者は、周囲に優れた人がどんどん集まってくる循環を、無意識に起こしているようだ。ビジネスパーソンとしてのスペックが低い経営者ほど、人を使うのがうまい。人に頼りまくるうちに、気づいたら資産家になっている例は、けっこう多いと感じる。

ビジネスパーソンには、「人の手を借りているうちはプロではない」と思いこんでいる人が意外と少なくない。多動ぶりをアピールするのは勝手だが、それで仕事の質は上がるのだろうか？　能力は優れているのに、チームワークを軽視した仕事ぶりで全体のパフォーマンスを下げてしまっているとしたら、評価されるどころか周りから白い目で見られるだろう。周りの目なんか、どうでもいいというなら結構だけれど……己のスタイルを貫くことと、仕事の成果を、一緒くたにしてはいけない。

人の手を借りられないという人には、2パターンある。ひとつは自分でやる方がうまくいくと思いこんでいる人、もうひとつは他人と手柄をシェアしたくない欲張りだ。

どちらも間違ったこだわりだと思う。自分より仕事をうまくやれる人は、いくらでもいるのだ。手柄は分け合ってこそ、高い評価を得られる。
ひとりで何でもやろうとしてはいけない。優れた人を使った方が、得なのだ。

手柄を立てたい、褒められたいという動機で、行動してはいけない。お金と同様、手柄も幻想だ。そんなものは誰かにくれてしまえ！　と言いたい。
手柄なんか立てても、わずらわしい。己の芯がぶれるだけだ。
手柄に惹かれた変な人が近寄ってきたり、いいことはない。手柄など、捨てる気持ちで他人にプレゼントしてしまった方が、むしろ感謝され、出会う人や情報の質は上がっていく。得た手柄のシェアがうまい人には、ポジティブな縁が巡るはずだ。

チームに従う協調性を大事にしろ！　と言っているわけではない。やりたいことをよりスムーズに、大きなレベルで進めていくには、人を使うスキルの高い方が効率的ということだ。

僕が最初に起業した頃、日本のＷｅｂプログラミングのパイオニアだった小飼弾さんほか、ＩＴ界のカリスマ的な人材を何人も会社に招へいした。彼らと一緒に仕事したい若くて有望な技術者たちが集まり、事業は急速に拡大した。

宇宙事業のＩＳＴ社では、別の会社に就職が決まっていた稲川貴大さんをスカウトして、社長に就いてもらった。その後、彼の人格に魅了された若者が何人も入社して、ロケットビジネスのチームとしての足場が固まっていった。

優れたメンバーが集まったお陰で、僕がやっていた大半の雑務を任せられた。好調な部門には、ほとんど口出ししなかった。

出すとしても、その部門のプロダクトのユーザーになった視点で「もっとこうしたら？」という、具体的なアイディアを出した。それが我ながら的を射た指摘だったりする。いい意味で、仕事との距離を取れていたからだ。

客観的な改善点を察知する意味でも、仕事を人に任せることは大事だ。

人を使うときは要所を決めるだけ決めて、変にならない限り干渉せず、丸投げに徹する。それがうまく回っていけば、いい人材によって自然に仕事の質は上がる。自分のやりたいことをやれる時間と機会が、加速度的に増えていくのだ。

非常識
3

21

モノを持つな。
所有は
リスクでしかない。

若い頃から、僕にはほとんど所有欲がない。車に家、高級スーツに時計、貴金属、有名なアート、トロフィーワイフ……多くのいわゆる金持ちが求めている、「自分の成功を象徴する」ような実体物を、ひとつも持ちたくない。

唯一と言える所有欲は、スマホぐらいだ。仕事や遊びに、いまのところ最も役立つからだ。けれど、もしスマホ以上に、僕のいまの暮らしを最適化させてくれるツールが出現したら、スマホも秒で捨ててしまうだろう。

堀江さんは、いま何が欲しいですか？　インタビューで、うんざりするほど聞かれてきた。答えはひとつ。「ないです」、話は終わり。つまらないやりとりを繰り返してきた。聞きたい気持ちも少しわかる。取材の対象になるようなビジネスパーソンは、欲しいものを聞かれると、たいてい何かしら気の利いたアイテムを答えてくれるらしい。「何も欲しくない」という僕のような答えは、拍子抜けなのだろう。サービス精神で何か答えられればいいのだけど……どんなに考えても、欲しいものはないのだ。

かつて持っていたもので割と大きなスケールだったのは、プライベートジェットだろう。資産家の自慢として買ったのではなく、シンプルに海外移動が便利だったからだ。

いまはホンダジェットを、知り合いとシェアして使っている。シェアで用が足りるなら、自分で買って持とうとは絶対に思わない。

そもそも、スペースを取られるものを、なぜみんな欲しがるのだろう。

持つことによる喜びや安心は、果たして本物なのか？

持っているものが、いつまでもそこにある保証は、誰がしてくれるのか？　所有するという欲望の根本的な理由は、何なのか？　まるで、哲学問答だ。

所有欲は、状況によっては行動のモチベーションにもなるだろう。でも所有欲が、人を幸せにすることはない。あるとしても一瞬だ。

僕もかつて、所有欲にとらわれていた時代を過ごした。家も車も、ブランド品もワインも腕時計も、買いまくった。でも、その欲はすぐに満たされた。所有しなくても自分を豊かにしてくれるいろんなものを見つけて、いまはもっと楽しく暮らしている。

いままで持っていなかったものを努力して持てたとき、その瞬間は満たされる。しかし、勘違いしてはいけない。それは「獲得」の喜びであって、「所有」とは違うものだ。この2つは似て非なるもの。混同してはいけない。

獲得は、考え方によっては報酬となる。ノルマ達成や借金返済、投資回収などビジネスにおいての積み上げは、大事な獲得の作業と言えるだろう。

しかし所有は、報酬ではない。所有はリスクとなる。

喪失の不安、管理の手間、執着心と、ネガティブな感情を抱えることになる。本棚に飾っておいたり、クローゼットにしまっておける程度の大きさのものならいいけれど、持ち運びに難儀したり、持っているだけで出費を強要されたり、何らかの制限が付随してくるようなものは、存在自体がリスクでしかない。

いったん所有欲に縛られると、「あれが欲しい」「これも手に入れたい」と所有物のために働くようになり、自分のやりたいことに集中できなくなる。所有物が価値を判断する基準となるので、自分が持っていないものを持つ人をねたんだり、ものを失うことを恐れたりと、心は休まらなくなる。

いま大事にしているもので、少しでも重さが気になれば、思いきって捨てよう！

そうすれば、新たな行動の意欲を得られるはずだ。

非常識
3

22

「電話には出ません！」と言えるか？

前にも述べたように、僕は大学時代に有限会社を起業した。すぐに仕事は増え、事業は急成長していった。会社設立から、わずか1年4ヶ月で株式会社に改組。社員は10人、20人と増え、インターネットバブルの波にも乗り、業績は右肩上がりだった。サイバーエージェントの藤田晋さんらと並び、僕はビットバレーの中心人物と称された。会社の規模は加速度的に大きくなり、堀江貴文の名前は、実業界で知れ渡り始めた。知り合ったり交流する人のレベルも飛躍的に上がった。

一方で、創業時代からのメンバーたちとは、軋轢を生んだ。僕に対して「堀江は変わった」と言い捨て、何人も去っていった。

20代で、たしかに僕は急スピードで変わったのだろう。だが、それは内面ではなく、環境の方だ。手がける仕事は億単位のプロジェクトへと成長し、優秀なエンジニアも雇えるようになった。人生の環境が変わる速度に合わせて、仲間意識とか家族的な馴れ合いに留まりたいという、周囲の人たちを切り捨ててきた。冷たいと言われたこともあるけれど、お互いのためだ。スピード感のない人と一緒にいる「お情け」や「しがらみ」は、僕にはない。逆に、ついて来られない人たちへの失礼になるだろう。去る者は追わず、来る者は拒まず。変わっていく景色に戸惑わず、楽しめるだけ楽しみ尽くす。それが起業家時代からの、僕の基本だ。

変化する環境を楽しむ好奇心は、子どものときから変わっていなかった。

人が変えられるのは、内面ではなく、行動による景色だと思っている。中身は変わらなくとも、「変わった」ように思われる変化は、自分の意思でデザインできる。

ネガティブな意味で「君は変わったね」と言う人は、環境の変化を恐れ、立ち止まっている人だ。変わっていく側の人とは、そもそも視野の幅が違う。

変わりたくないのは、人の生き方だから否定しない。でも僕の場合は、一緒にいてもらっても無意味なので、切り捨てる。連絡を取らないし、悪口を言われても無視だ。

環境の変化について来られない人の言葉に、人生を変えられてはいけない。

急スピードで変わっていく環境を、変わらない自分のまま、走り抜こう！　それでいいのだと、若い人たちには伝えたい。

他人の意見によって自分を変えてしまうのは、嫌われるのが怖いからだ。

指示をこなせなかったり、期待に応えられなかったり、他人の気持ちを満たすことをやめた途端、見放されるのを恐れているだけだろう。

実際、自分を優先する自分時間と、他人の意見によって動く他人時間は、トレードオフの関係にある。前者を優先するようになれば、周囲の反応は悪くなる。例えばあなたが、時間を1秒でも取られたくないから「スマホに着信があっても出ません！」と、バイト先で宣言したとしよう。すると、上司から怒られるかもしれないし、同僚からも疎まれるかもしれない。

しかし周囲の反応とかは、あなたの問題ではないのだ。

あなたの行動に対してどんな感情を抱くかは、上司や同僚、家族の方の問題だ。

あなたの問題ではないことのために、あなたが変わる必要はない！

人生を充実させるのは「変わらない自分の時間を、いかに確保するか」だ。相手がどう思うか、他人がどう感じるかなんて、一切考えないでいい。

あなたの環境が変わっていくチャンスを奪うような大人は、毅然と遠ざけよう。

常識ぶった大人に、変えられてはいけない。

逆に、大人の方から「あいつは変わった」と呆れられるようになろう。

非常識
3

23

「何が欲しいの？」。モノも愛着心も、とっとと捨てろ。

モノを持つことから早くに解放されている僕には、「捨てるのがいいのはわかっているけれど、捨てられない」という人の気持ちを理解することは、なかなか難しい。捨てられない、それでもいいと思う。「捨てる」のがうまい人と、「捨てる」のが下手な人。どちらの属性の人も共存しているのが、普通の社会だ。

雑多なものが片づけられないまま、散らかっている。多様性の視点では、豊かな状態だ。何かのエネルギーを生み出す、きっかけとなるかもしれない。

ただそれは広い話で、個人でみるなら、不要物は「捨てる」の一択に尽きる。

「捨てられない」という人は、ゲノムとミームの関係で考えよう。ゲノムとは遺伝情報の総体であり、ミームとは人から人へと拡がっていくアイディアや行動、スタイルや慣習のことだ。人生においては、言うまでもなく、ゲノムよりミームの方が大事だ。

遺伝情報そのものを記録した物体を保つより、「意志」や「精神」「心に描いている実現したい自分自身」が、拡散・継承されていく方が、自分の生きてきた証になる。

つまり自分自身のコピーを、よく多く残すことが、人生の質を上げるのだ。

僕は、僕と同じ思考と行動のできるコピーがいっぱいいて僕と意志を同じくする仲間が増えていくと素晴らしいと思う。僕個人の快感や興奮は、実はあまり重要ではない。堀江貴文的な概念が、多くの若者たちへ、拡散・継承されていくことを願い、多くのビジネスを進めている。いまこうしてやっている書籍の執筆も、そのひとつだ。

概念を受け取ったチルドレンたちが、堀江貴文的なものを進化させて僕の想像を叶え、さらに凌駕する未来を創造してくれれば、何より嬉しい。

ゲノムはランダムの要素が多い。だから継承には適さない。概念を記録したデータ、すなわちミームを残していくことに、僕は力を注いでいたい。

選び取るべきは〝実在よりも概念〟なのだ。それ以外のモノは、いらないのだ。

モノにこだわったり、捨てられないのは、欲しいモノが明確ではないからだ。大して欲しくもないモノに囲まれていることで、欲しいモノをわかっていない自分の不充足感から、逃げている。モノをたくさん持ち、偽物の安心を得ていると言える。

僕は昔、創業した会社の名前を捨て、ライブドアに社名変更した。当時はライブドアの方が、ブランド価値が高かったからだ。創業社名に愛着はないんですか？　と言われたが、逆に不思議だった。本当にやりたいことを進めていくのに、ライブドアの方が断然、都合がよかった。古い社名への愛着とか、どうでもいいんじゃないか?

欲しいモノがはっきりしていれば、何だって捨てられる。

チャック・パラニュークの小説『ファイト・クラブ』の一節に、こう書いてある。

「欲しいものがわからないと、本当には欲しくないものに包囲されて暮らすことになる」「すべてを失ったとき初めて、自由が手に入る」

文字どおり、僕はかつて、ライブドア事件ですべてを失った。だからこの一節の真実味が、痛いほどわかる。

すべてを失った瞬間はつらい。しかし、モノでは満たせなかった自由を、力いっぱい抱き締めることができた。それは真実だ。


僕は、モノの呪縛を解いて、動き続ける。安定じゃなく、刺激あふれる世界にいたいからだ。古い常識に、とらわれたくない。立ち止まりたくないのだ。東大に受かった18歳のときから変わらない生き方だ。

あなたにだって、できる。迷わず「捨てる」生き方は、決して難しくない。何が欲しいのか? 明確にできれば、自分という概念を、どこまでも遠くへ飛ばせるのだ。

非常識
3

24

「エージェント・スミス」のままで後悔しないか？

世の常識というものに従って生きている人たちは、ウォシャウスキー兄弟姉妹監督の映画『マトリックス』に登場する、エージェント・スミスになりつつあるように感じる。エージェント・スミスとは、電脳空間〝マトリックス〟の監視や破壊行為の防止のために存在している、人間型ソフトウェアだ。

解放を求めて戦いを挑むレジスタンスたちを排除する役割を担っている。覚醒した主人公ネオの敵となり、マトリックスの秩序を守ろうとするのだ。

ネオと、エージェント・スミス。観客が感情移入しやすいのは、ネオの方かもしれないが、どちらが正義で、どちらの方が幸せなのか？　と問われると、答えは分かれるのではないか。

ネオのように世界の規範を打ち破って、革命的に生きていくことが、必ずしも正しい！　とは言えないだろう。

長引く不景気と就職氷河期以降、現実社会では、常識に黙って従うエージェント・スミス側のマインドの人が、確実に増えている。

古くからの大きなシステムに逆らわず、伝統的なルールを正義として、異物を排除することで安心感を得ている。その勢力は、不用意な発言をした著名人をＳＮＳでつるし上げ、謝罪を強要したり、最悪の場合は自死に追いこむ事件を多発させている。

現代のスミスたちは、ネットの世界で歪なポピュリズムを形成しているようだ。


リアルでは行動せず、ネットでの憂さ晴らしが安らぎという、エージェント・スミス寄りの生き方は、愚かでも悪でもない。いまの時代、生活コストは格段に安く抑えられる。苦労してお金を稼がなくても、飢えずにそこそこ暮らしていける。多様なレジャーも安価に提供されていて、行動する意欲さえあれば、財布は軽くても退屈はしない。スマホアプリを使ったゲームやイベント、クリエイションはひと昔前だったら、富豪にしかできなかったような遊びだ。

常識の管理の下で、人は何不自由なく、ラクに暮らしていけるのだ。


だが、僕は思う。

真実を知ったうえで、ルールに従うことが、本当に望みだろうか？　あなたは、どうだ？

スミスのままで、後悔はないのか？

経験を重ね、真実を学べば、ネオになろうとするのが、人の本来の姿だ。少なくとも、僕はスミスではいたくない。その他大勢に甘んじるのは、これからの時代は危ないのだ。


映画では、真相を知ったネオは、敢然と闘いに臨んだ。

現実の僕たちも、同じではないか。

もう、スミスのようにコンピュータの指示どおりに動く＝常識に従うだけでは、いま以上の満足は手に入らないと感じているはずだ。

自分にしかできないことをやる。

誰に何と言われようが、その方が何倍も楽しく、ストレスとも無縁だ。

他の人ができない、自分だけの領域で一点突破する方が、生き延びられる確率は高まる。より優位なポジションを、取りやすくなる。

自分の価値は、自分で上げろ！　常識のもとで公平に許された、己を価値化する自由を使うかどうかは、あなた次第だ。

非常識

4

【お金の使い方】

将来への蓄えは必要ではない

倹約に努めて、
貯金をコツコツしている人は、
お金の活かし方を知らない人だ。
「いつか必要になる」という、
いまありもしない未来のために、
お金を貯金通帳に
死蔵させてはいけない。
お金の無限の活力を、
蘇らせるのは、あなた次第だ。

非常識
4

25

貯金が一番の「お金の無駄遣い」。

僕の通っていた福岡の小学校では、親戚からもらったお年玉を郵便貯金するように教えられていた。40年近く昔の話だ。

新学期、生徒たちは茶封筒にお年玉を入れ、講堂に集められた。講堂には郵便局員が来ており、そこで口座をつくって、お年玉を貯金する手続きをさせられた。先生から貯金したいかどうか、意思確認をされた記憶はない。みんな黙って従っていたけれど、本心はどうだったんだろう。僕は「なんで郵便局に貯金しないといけないの?」と、不思議でならなかった。せっかくもらったお年玉を、なかば没収されるような形で、貯金することになってしまった。少しもありがたくない。

学校の先生も、両親も、世間の大人は「貯金は大事です」と言う。それは、大間違いだ。少なくとも人生にとって、大事な行為ではない。

貯金が趣味だったり、何らかの目的があって貯めているのはいいと思う。でも、使い道がないのに預金通帳にお金を余らせ続けるのは、本当にバカバカしいことだ。

郵便貯金は第二次世界大戦中、戦費調達のキャンペーンから全国に普及したものだ。戦争がなくなった現在は、国債を償却するために、国民から預けられたお金を勝手に運用している。詐欺とまでは言わないが、そんな「横取り」を普通にやっている機関に、せっかくのお年玉を吸い取られてしまった。あの悔しさと疑問は、大人になってからも、ずっと頭の隅に引っかかっていた。

多くの著書で説いているが、銀行などの金融機関に預けているお金は、単なる債権だ。貯金は、いざというときのための資金だというけれど、通帳の金額が多ければ多いほど、それだけ銀行に対して、債権を背負っているのと同じなのだ。

貯金は生活の安心につながると、大人は言うかもしれない。しかしその金額ぶん、債権者としての負担を増やしているのだ。返してもらわないといけないお金を増やして、手元に使えるお金を減らす。それが、なぜ安心なのだろう?

僕の言い分は、極論すぎるかもしれない。しかし批判されようと、言い続ける。貯金が美徳というのは、間違っている!

銀行に預けていれば融資という形で、お金は世の中に回るかもしれない。だが融資の恩恵を受けるのは、限られた大手企業だけだ。庶民の消費が活性化しなければ、意味がない。大多数の会社の業績は上がらないし、雇用も生まれない。

使わない限りお金は、活きてこないのだ。貯金は、お金の無駄遣いだ。

僕は大学生になって以降、貯金は一切やめた。

アルバイトで多少まとまったお金を稼ぐと、仲間と遊びに行き、見聞を広めるために使い尽くした。もとより、貯金向きの性格ではない。活きない貯金を守るより、活きたお金を使った方が、絶対に楽しくて幸せだと信じていた。

使うだけ使いまくって、正しかったと思う。お金を使って得た経験によって、コミュニケーション能力も、出会う人のランクも高くなった。

起業して以降、収入はうなぎ登りだった。貯金通帳はほとんど見ていないが、学生時代からすれば、信じられない額のお金が入金され続けていた。ずっと貯めていれば、40代で指折りの富豪になっていたかもしれない。でも僕にとっては、貯金額を増やすより、そのときだけに得られる出会い、興奮や体験を積み重ねることの方が大事だった。僕の得てきた多くの体験は、もう同じ額のお金を投じても取り戻せないのだ。

いまという時間を楽しみ尽くすために、好きなだけ使ってしまおう！　無駄な貯金で、お金の活力を死なせてはならない。

非常識
4

26

金持ちになりたいと思ったことはない。

メルマガやSNS、動画などの発信活動で、だいぶ変わってきたとは思うのだが、いまだに世間の一部の人たちには「堀江貴文は金の亡者、お金が大好き」のイメージを持たれている。一度でも「お金大好き！」と、僕が公言したことはあるだろうか？　お金を無駄にしてはいけないとか、お金にとらわれてはダメだと言った覚えはあるけれど、お金が大好きとは、絶対に言ってないはずだ。

少し昔、講演イベントでこんなことがあった。お客さんとの質疑応答タイムになって、ある経営者の男性に食ってかかられた。「自分はお金のためには仕事をしていない」という。そして「お前は、どうしてそんなにお金が好きなんだ!?」と責められた。いきなり敵意を向けられて戸惑ったけれど、せっかく質問してくれたお客さんだ。きちんと答えたいのだが……いくら考えても、質問の意味がわからなかった。

お金が好きとは、どういうことなんだろう？　僕は考えた末、こう答えた。

「自分にとってお金は、爪切りと同じです。爪が伸びたら使います。必要なときに、持ち出す道具に過ぎません。あなたは爪切りのことが好きですか？　と聞かれたら、どう答えますか？」

そして「本当にお金が好きで、お金にとらわれているのは、あなたの方ではないのですか?」とつけ加えた。

すると男性は芯を突かれたような顔をして、バツが悪そうに黙ってしまった。


お金は、ただの道具だ。やりたいことをやるために、まあまあ便利に使える道具だ。それ以上でも以下でもない。

僕は人生において、お金持ちになりたいと思ったことは、一瞬たりともない。

お金という道具を使いこなし、仕事や遊びの質を上げるのには夢中だった。けれど道具をいっぱい持ちたいとは、まったく思わなかった。

道具ばかり量を揃えてほとんど使いこなせていない中年に、なりたくはなかった。

ある道具を使い尽くして、そこで得られる「信用」が、本当の価値なのだ。


お金は、信用を数値化したものに過ぎない。物を手に入れたり、ビジネスを進めるなど、必要な求めに応じてくれる信用を、国家が数値で保証したもの、それがお金だ。流通しやすいよう紙幣や硬貨としては存在するが、ただの紙であり、ニッケルや銅に過ぎない。オンライン上の数値だけで、役割は問題なく果たせる。

紙幣がどれだけ束になっていても、その物体に紙束という以外の価値はない。けれどほとんどの人は、財布に紙幣がたくさん詰まっている状態を望んでいる。

紙幣をありがたがるのは、新興宗教の教祖の発行したお札をありがたがっている信者と同じだ。大事なのは教祖の説く教えのはずなのに、お札があれば幸せになれると勘違いしている。

「お金教」に騙されては、いけないのだ。

お金が好きかどうかという問いは、簿記や会計の基本を学んでいれば決して出てこない。お金の正確な概念を理解できていないから、人はお金の呪縛から逃れられないのだ。お金持ちになりたい、その気持ち自体に罪はない。ただ、貯金通帳の数字ばかり増やそうとして、「信用貯金」ができていなければ、貧しいままだ。

お金でお金を増やすことに、何の意味もない。信用を、創出しよう。

信用の貯蓄ができていると、キャッシュゼロでも、大富豪と同じ豊かな人生が過ごせるに違いない。

非常識
4

27

金持ちになる方法はあるけれど、金持ちになって何するの？

僕は金持ちになりたいと思ったことはないと、先に述べた。

そう言うと、じゃあなぜホリエモンはビジネスで儲けているんだ？　と聞かれたりするが……程度の低い揚げ足取りに、ため息が出てしまう。ビジネスで利益を上げるのと、お金持ちを目指していないのとは、まったく違う次元の話だ。

お金持ちになりたいという人は、なればいい。お金持ちになれる方法なら、たくさんある。僕のメルマガや書籍などで、効率よく稼げる新しい事業を無数に挙げているので、購入して読んでもらい、どうぞ好きなだけ儲けてほしい。

親切に稼げる技を公表しているのに、いまだに「お金持ちになりたいけど、どうしたらいいですか？」と聞かれる。鬱陶しいが、普通の人には「健康になりたいけど、どうしたらいいですか？」ぐらいの質問なのだろう。

質問されたら、僕は一貫して問い返している。

お金持ちになってどうするの？　お金をたくさん持って、何をしたいの？

僕が納得できる答えをくれた人は、滅多にいない。そもそも納得ゆくような答えのある人は、お金持ちになりたいなんて思わないのだろう。

10代の頃は、僕も人並みに「欲しいものがあるのに、いまの貯金じゃ足りないなぁ」と思っていた。だからといって、別にお金持ちになりたいとは考えなかった。欲しいものが手持ちのお金では買えない。それは制限要因の理屈であって、お金持ちになりたい！　という意欲とは別のものだ。

世間一般の人よりも自分の物欲が薄いと気づいたのは、大学に入ってからだ。先輩から、「堀江は人の心を持っていないな。シヴァ神みたいだ」と言われた。褒め言葉だったのだろうか？　僕の物欲のなさは、一般的な若者としては異質だったのだろう。

20代の初めには、お金が欲しい！　の呪縛からは完全に解放されていた。お金にマインドシェアを奪われず、やりたいことを全力投球でやりきる人生を、他の人より若いうちにスタートできた。幸運と言えば、幸運だったかもしれない。

金持ちを目指すというスタンスは、「信用が価値となる」評価経済社会では、ひどく損をする。別に金持ちを目指す生き方を否定はしないけれど、そんなヤツはモテない。ビジネスをうまく当てても、モテない。稼ぎの総量も、限られるだろう。

お金持ちなんて目指さず「理由はわからないけど、あいつと一緒にいたら面白い！」

と言われる、行動的な人生を選んでほしい。結果的に、お金がそれほどいらない、マネーレスな人生を過ごせるようになるのだ。

お金持ちになりたい欲は、不安の裏返しだ。豊富な資産が、もしものときや、働けなくなったときの不安を解消してくれると信じている。仲間や恋人に恵まれるためには、お金持ちになるのが早道だと思いこんでいる。基本的には、間違いではない。お金は、多少のトラブルや不安を解消してくれる役割も、ときに果たしてくれる。

だが、何に使うか？　何をしたいのか？　という本質的な問いが欠けていたら、不安につきまとわれる。仮に何億円貯金したとしても、まだ足りない、もっと貯めなきゃ……と、貯金に取り憑かれるだろう。

お金に、心を使われる側になってしまってはいけない。

やりたいことに真剣にハマっていれば、お金の不安は消えるものだ。

ハマりきれない中途半端さを、お金持ちになりたい欲にすり替えてはいけないのだ！　不安を消せるのは、思考の密度と強さだ。貯金通帳の残高の多さではない。

非常識
4

28

「お金を貸してください」と、なぜ頭を下げられないのか？

お金の本質は「信用」だと、すでに述べた。国家が、社会において物を交換するための信用を保証した、手形でしかない。

お金をありがたがるのは、新興宗教の内輪だけで特別視されているお札を崇めるのと同じ。「お金教」の信仰に冒されているのだ。

一方で、信者にとってお札に信用があるというなら、文句は言えない。怪しげなお札に、平気で何百万円も払ったりするのも、御利益という信用の代価なのだ。

例えば、会社の社長が1000万円で、出所のよくわからない掛け軸の絵を買うと、社員からは「なんであんなものに1000万円も払うんだ?」「自分たちの給料を上げずに無駄遣いしている!」と、不満の声が上がる。それは社員が掛け軸に、1000万円の信用価値を見いだしていないからだ。

人は自分の信用を基準にして、物の値段を決めている。

紙幣や貨幣、つまりお金は、その数値の代理的な役割を果たしているものだ。

お金をたくさん扱っている人は、信用とは何であるかを理解している。特に理解力が高いのは、借金を抱える人だ。

「ビジネスで多額の借金を抱えています」と言われると、世間ではネガティブなイメージにとらえられるが、僕は逆に評価したい。その借金主には、借金の金額分の信用があったから、お金を借りることができたのだ。

起業志望の若者で借金を一切せず、せっせと自己資金を貯めている人がいるけれど、何をしているんだろう？　と思う。信用されないから借金できないだけじゃないのか。あるいはプライドのせいで、お金を貸してくださいと頭を下げられないのか。

行動を忘れ、信用稼ぎをしていない若者は、成功しないだろう。

コツコツとお金を貯めたところで、たかが知れている。

もちろん資金を貯める準備は、全部が全部悪いことではない。ただ、知ってほしい。行動と信用の掛け合わせで、資金は相乗的に増やせるのだ。

10の信用があれば100のお金を集めることができるけれど、100のお金があっても10の信用は得られない。

ビジネスの成功者は、この真理をしっかり理解している。

信用は、「お金（＋時間）を自分自身の経験のために、どう使うか」「周囲の信用をいかに得ていくか」を真剣に考え、実践していくことで、生み出していける。

シンプルに言うなら、楽しむことだ。

楽しんでいると自然に人は集まってくるし、面白い知識や経験値、人間関係が蓄積されていく。「この人にならお金をかけてもいい」とか「一緒に苦労しよう」と思われる、パーソナルな価値が信用につながっていくのだ。

世の中を見渡すと、「いくら貯めるか？」「どれだけお金を増やすか？」「何をして稼ぐか？」といったことばかり考えて、「どう信用を生み出すか？」とは、考えない人が多すぎる。

たくさんお金が欲しい。その気持ち自体は、別に否定されるものではない。

だがお金が欲しいなら、まず信用だ！

大金の動く投資やビジネスで求められるのは、信用、それに尽きる。

ビジネスは、信用を得ればＯＫだ。そこに多少のハッタリを加えると、さらに効果を発揮する。「やった者勝ち」は、信用を得るときにも使えるテクニックだ。

非常識
4

29

買えるモノはすべて買え。そして手放せ！

所有することの目的とは、モノを持ち、モノの用途を使うことで得られる利便性や娯楽性だ。美術品や装飾品のように、持つこと自体に目的があるモノもあるが、それも誰かに見せて自慢したいとか、コレクター心が満たされるとか、所有する行為の先の反応に、的が置かれていると思う。

少し考えただけで、わかるはずだ。モノ自体に、目的はまったく付随しない。

例えばCDは、iTunesの登場で短期間に駆逐された。「欲しいのは盤面ではなく音楽だ」という本質的な目的に、みんなが気づいたからだ。CDそのものには、何の価値もない。ただの記録媒体だ。音楽が記録されていなければ、円盤のゴミだ。

長い間、僕たちは、モノが運んでくる体験に、お金を払ってきた。けれどスマホが普及したことで、体験はモノを介さずとも、楽しめるようになった。

モノに縛られていた体験は、テクノロジーの進化によって、自由になったのだ。

僕たちは、その体験を分け合える。体験は、独り占めするものではない。シェアした方が、出会いや信用評価が掛け合わさり、楽しみのバリエーションは増える。

体験の楽しみを最大化していくためには、昔はある程度のお金が必要だった。モノを買い、所有する必要があった。けれど出費と置き場所を誰かと分担し合えば、同じぐらいの楽しみを安価で、手軽に得られる時代になってきた。

お金は、それほどいらない。大事なのは、体験を取りにいく情報力だ。

家に車、リゾートに船舶、高価な機材、プロスポーツチームなど、みんなが欲しいものは、一般的に利用できるネットサービスで、だいたいのものを共有できる。シェアリングエコノミーの進化で、所有の価値が下がってきたからだ。

僕たちは所有よりも、共有を選ぶ方がいい。というより、選ばざるをえなくなっていく。モノによって得られる恵みは、シェアリングエコノミーを頼れば、なんとかなってしまう。そんな時代に、「独り占めしたい」「一生大事にする」「代々の家宝に」などというのは、時代遅れの欲求だ。

前にも述べたが、本当に求められるのは何をしたか？　誰と出会ったか？　どんな意見を語れるか？　という、個人の経験値だ。シェアの市場に置き換えられない、情報センスと行動力に裏打ちされた経験値が、高値で取引される社会になっていく。

欲しいモノは、買えるならすぐ買おう。そしてその用途を使い尽くしたら、手放そう。思い出に引きずられ、置きっぱなしのままでは、いけない。

モノを大事にすることは悪くはないが、モノにとらわれては無意味だ。

肝心なのは、モノが運んでくる体験だ。欲しいモノは即買いで、楽しんだ後は軽やかに手放し、価値観のアップグレードをしていこう。


旧世代の大人たちが享受してきた自由の大部分は、モノを持つ権利によって実現されてきた。どれだけ稼ぎ、何をつくりあげたか、何を持っているのかが、成功者のアイデンティティの根幹だった。

しかしミレニアム世代以降、生まれたときからデジタルに触れている若者たちは違う。SNSの「いいね!」や、インフルエンサーとしてのブランドなど、モノを必要としない、無形のつながりが価値を持ちだしている。

自己と所有との強いつながりは、壊れつつあるのだ。

古代ギリシャの哲学者、アリストテレスは「概して、持つことより使うことに、はるかに大きな豊かさがある」と唱えた。そのとおりの社会が、やって来ているのだ。

モノは気持ちよく放り出して、体験に飛び出そう!

非常識
4

30

結婚しても女の子と遊び続ける。

英会話スクールに通って英語を学びたい人は、多いと思う。だが語学学校で満足な会話力を身につけるのは、相当に難しい。

どのレベルの語学力を目指すかによるが、外国人とスムーズに話したい！　ぐらいの気持ちが大半だろう。それなら海外旅行の回数を増やしたり、英語の動画を見まくる程度で満たせるのではないだろうか。

僕は英語を専門的に学んだことはないけれど、英会話で不自由はしない。海外事業を手がける関係で、ビジネス英語を使う機会が多く、自然に英語力が鍛えられた。WAGYUMAFIAのポップアップイベントでは、現地のシェフと英語で意見交換をしている。そこでも英語力は、さらに伸びた。

ぼんやりと英語が話したいという欲求では、能力はなかなか磨かれない。僕のように話さなくてはいけない環境に身を置き、このように伝えたいという明確なイメージを持って、言葉を学ばなければ向上しないだろう。

英会話を学びたい気持ちは、奨励したい。外国に行くのは怖いから、まず英会話スクールに行きたい、それも結構だ。学ぼうという意志と、学ぶための行動が大事だ。なかには若い女性との出会いを求めて、英会話スクールへ通いだす男性もいるだろう。全然ＯＫだ。

学ぼうともせず、動き出そうともしない。それが最もよくないのだ。

学びと遊びは、同じだ。やったぶんだけ、経験という財産になる。社会人が資格を取るために学校へ行くのも、合コンしまくるのも、ビジネスに活かすための投資効果は変わらない。けれど、どっちも続けていると、気づくだろう。遊びへの投資効果の方が、リターンは多い。苦労して取った資格より、合コンで聞いた女の子たちの流行の話の方が、ビジネスチャンスになるのだ。

若い女の子は僕たちおじさんよりも、はるかに情報感度が鋭い。下手なマーケティング会社に任せるよりも、Instagramを駆使する女子大生と10回合コンする方が、有望なビジネスプランのヒントをもらえる。

学び続ける意志だけでは、人生に大きな、ポジティブな局面は訪れない。遊び続ける欲望を、維持しよう。

できることなら、男には結婚後も恋愛を続けてほしい。妻に対しては、最大限の敬意と気づかいを忘れないうえでだ。浮気を奨励するなんて非常識！　と言われるかもしれないが、出会いや情報に満ちている社会で、ひとりの伴侶以外に恋愛する相手が決して認められないのは、いかがなものだろう。

恋愛市場から降りてしまうと、男はほとんどオヤジ化が始まる。安手のビジネススーツを着回し、妻が買ってきた下着を穿いて過ごす。髪は薄くなり、鼻毛も肌ケアもしない。スポーツをまったくせず、腹は出っぱなし。立派なオヤジだ。

オヤジでも、生きていくには困らない。妻だけを愛する人生。それも結構だ。だが、モテを放棄することで、身なりを気づかう思考の機会を、ひとつ失っているのだ。パンツぐらい自分で買え！　と言いたい。オヤジ化は、思考停止に陥る危険信号だ。

恋愛市場から降りたオヤジに、仕事のできる人は少ない。愛妻家がダメと言っているわけではない。優秀な人は総じて、妻にもモテて、他の女の子にもモテまくっているのだ。英会話スクールでも、課題をこなすより、英語講師と恋人になってしまうような人が、英語の上達スピードは格段に速い。

失敗しても、周りから見れば笑い話だ。タフで打たれ強い恋心を、持ち続けよう！

非常識
4

31

500円ランチしているヤツに人は集まらない。

学生時代に起業して以降、食事や飲酒には、お金を惜しまなかった。多少の資産を持つようになっても、もっぱら美味しいお酒と料理を味わうのにお金を使っている。酒食に浪費をいとわないのは、純粋に美味しいものが好きだから。

そして、人生を楽しくする投資として、リターンがよいのだ。

食は文化であり、料理の成り立ちを遡っていくと、文化や歴史を学ぶことができる。例えば中国で料理技術が発展したのは、中国皇帝の顕示欲が背景となっているとか。日本での発酵食品の発達は、湿度の高い国土で保存の利く料理をつくりだす必要があったからなど、料理と文化・歴史は密接に関わっている。

美味しいものを突きつめていけば、歴オタの道に通じるのだ。

美食の経験を通して、僕はワインや日本酒など各国のお酒の歴史や蘊蓄を、ずいぶん学べた。これらは後に小説を書くのにも役立てられた。

酒食にお金を費やすことで一番得られるものは、幅広い人間関係だ。

美食の場には、経済界や放送業界、芸能界などさまざまな分野の成功者が集まっている。彼らとの新鮮で刺激的な会話も、ご馳走だ。

グルメ好きは、分野の垣根を越える。仕事しているだけでは出会えない各界の著名人やタレント、インフルエンサーと知り合えるのも面白い。僕は社会に出てから、毎晩のように彼らと酒席を囲み、魅力的な情報を教えてもらい、しばしばビジネスプランの熱いディスカッションを交わしている。

コロナパニック以降は酒席の機会は多少減ったけれど、基本的に僕と食事の場に同席するのは、感染しにくい行動様式を心がけている人たちだ。お店も感染対策のしっかり整った店しか選ばない。以前とあまり変わらず、美味しい食事を楽しんでいる。

食事の場では、新しい発想が生まれ、新事業を立ち上げるきっかけになることも多い。TERIYAKIアプリや、HIUでの日本酒製造などは、酒食にお金を投じた長年の経験の賜物だ。

「起業するためにお金を貯めています!」と言って、食事は500円ランチか、吉牛やマクドナルドで済ませている若者がいる。500円ランチもファストフードも別に不味くはないが、起業家を目指すというなら、あまり推奨できる姿勢ではない。

美食には、お金を惜しんではダメだ! 食事への出費からは、投じた以上の機会創出と、知識を満たすリターンが得られる。

安くてそこそこ腹を満たせるひとりメシを続けていると、その回数分、ライフステージを上げるチャンスを失っている。安いメシで腹を膨らませているビジネスパーソンに、良質な人脈が築けるとは思えない。


僕は、ランチではうな丼を食え！ と言っている。それもチェーン店の1000円程度のうな丼ではなく、浅草や日本橋など老舗店のうな丼を食べてほしい。ひとりで5000円以上するが、その金額分の情報の獲得と、学習の代金だ。

5000円のうな丼を食べる、それ自体が情報のシャワーだ。

このご時世に、なぜ5000円もの値段がついているのか？ 味を維持する方法は？ 経営はどう回っているのか？ 知れば有益な情報が丼いっぱいに詰まっている。

高額のランチは、外食産業の構造を考えるのに格好の機会だ。舌を通して考えるので、思考はより深まり、学びの質も上がるだろう。

美食を楽しむには、健康であることも大事だ。体調のバロメーターとしても、役に立つ。食事への出費は、ただの贅沢ではない。投資としてもいいことずくめなのだ。

非常識
4

32

働かなくても富は巡ってくる。

これからの時代、生き残れるのは、安定した仕事を与えられた人でも、お金持ちでもない。働かなくてもいい世界で、自分なりのモチベーションを持ち、何かの行動を起こせる人が、生き残れるのだ。

僕たちは、働かなくてもいい。やりたいことを、やる勇気だけだ！

そのように僕が主張しても、「お金がないのだから、嫌々でも働かないことにはどうにもなりません」と反論する人は、とても多いだろう。

まず「財が足りない」という意識が、問題だ。それを解いていくのが先決だ。

資本主義社会において長年、経済の指標となってきたのは国内総生産＝GDPだ。この数値は、国家の運営に役立てようという意図で設計された指標だ。産業革命以降の資本主義国家の経済発展に、物差しとしては役立った。

だが近年は役目を終えつつある。GDPは、国民が働いた成果を、すべてお金の価値に還元して算出されている。しかしテクノロジーの進化により、「働く」の定義が曖昧になってきた。そんな時代に、信頼できる指標になりえるのだろうか？

例えば、好きなことを公開して広告収入を得ているYouTuberは「楽しみを共有する」という、無形の財を生んでいる。SHOWROOMなど配信アプリでライブ活動を頑張っているアイドルやタレント、趣味や旅行先の写真をアップして稼いでいるインスタグラマーも同じだ。

かつては、お金にはならなかったボランティア活動も、クラウドファンディングを通じて金銭的な支援がなされるようになった。家事や子育て、「困っている人を助けるのが好き！」という人への報酬も、NPO法人などからの支援で支払われる仕組みが整ってきた。彼らのようなボランティアが創出している財を、旧来のGDPの枠組みに入れるのは難しいだろう。

ひと昔前まで、GDPに組みこまれている仕事とは言えなかった遊びや趣味が、仕事に成りかわり始めている。逆に従来の仕事よりも、はるかに儲かる場合も少なくない。このように財の根本的な性質は、変わってきているのだ。

辛い労働を手放し、好きなことだけで食べていくのは不可能だという古い常識は、テクノロジーの進化によって、様変わりした。

仕事に隷属する労働者根性にしがみついていたいなら結構だけど、その生き方は財を獲得するための正しい情報と思考が足りない証拠だ。

「財が足りない」と嘆く人は、どこに財があるのか気づいていないだけだと思う。筋のいい情報と俯瞰的な視点を正しく身につけていれば、尽きることのない財はあなたのすぐ近くにある、と気づける。

長引く不景気で、みんなが貧しくなっているとか、経済先進国の地位が急落したとか、ネガティブな情報にばかり目を向けてはいけない。

IMF（国際通貨基金）の調査によると、日本のGDPは1980年から右肩上がりを続けていて、ほとんど下落していないのだ。近年のGDPは名目で550兆円を超えている。30年余りで、倍以上の増額だ。こんなに儲けまくり、稼ぎ倒している国に暮らしていて「財が足りない」と嘆くのは、ブラックユーモアでしかないだろう。

世の中に、富は有り余っている。財は足りていないどころか増える一方で、これからどう分配していくか？　と、シンクタンクなどの研究機関で考えられているのが実情だ。これからは放っておいてもAIやロボットが、人を食べさせてくれる。多くの労働は減っていき、人の自由な時間はますます増える。好きなことばかりをしてはいけない、ではなくて、好きなことしかやることがない！　という時代になるのだ。

非常識

5

【学び方】

他人の言うことには従わない

他人の意見を聞いて、
うまくいくことは、
ほとんどあり得ない。
他人は、あなたの人生の
当事者ではないからだ。
あなたの正解を知っているのは、
あなたしかいない。
周りのアドバイスはほどほどに
聞き流し、自分の命令に、
忠実に従っていこう。

非常識
5

33

過度な自粛圧力に負ければ、自分を守れない。

2020年初頭からの新型コロナウイルスの拡大について、僕は緊急事態宣言も自粛も必要なかったと、一貫して述べている。動画配信では、早い段階で専門家に取材して、科学的知見に基づいたウイルスへの正しい処し方を述べている。

自粛必要派は、自粛によって感染は一時的に抑えることができたと主張するが、ウイルスを抑えきることなんて、絶対にできない。コロナの感染状況は、この先何ヶ月も、あるいは何年も広がったり収まったりを、だらだらと続けていく。

それは間違いないのに、自粛は感染対策としてベストだと思いこみ、経済を自分たちで死なせる行為の正当性が、僕には理解できないのだ。

コロナパニックでは、リテラシーの分断が加速したように感じる。僕はSNSなどで「コロナは風邪と同じ」と公言したが、その言葉だけを切り取り、激しく叩かれた。叩いてくる側の理解力のなさは、本当に嫌になる。

コロナは恐れるに足らず、なんて言っていない。正しい科学的知識を持って、正しく恐れることが大事だと、言っているのだ。通常の感染症対策で、充分に予防できる。経済活動を死なせてまで、対策が求められるウイルスではないのだ。

過度な自粛は、いけない。自ら自粛に閉じこもることは、発展の放棄だからだ。発展を棄てた社会は、分断のデメリットだけを増幅させる。そして磨りガラス越しに世界を見ているような誤ったリテラシーが、さらに広がっていくだろう。

自粛の風潮に身を任せて、思考力を失ってはいけない。


ふだんから言っているが、人に会わなくても仕事は進められる。それでもこの自粛によって、コミュニケーションの場が減り、大切な機会を失った人は多いはずだ。

僕も会えるはずの人に会えなくなったり、ロケットの打ち上げやイベント開催など、いくつかの事業が中止・縮小に追いこまれた。

観光業や飲食業の方々は、大事に積み上げてきたものが、土台から崩れてしまうような経験をしてきたと思う。その気持ちは、僕にもよくわかる。

自粛は、みんなを守るために大事な対応だ……なんて、少しも思わない。まったくバカげた風潮だ。積み上げてきたものを、自分たちの手でフイにしてしまうことを、なんで受け入れられるのだ?

いままでどおり仕事やイベントを回したり、出かけることは、健康リスクだという。自分が大事じゃないの？　と責められたりもするようだ。僕から言わせれば、自粛に閉じこもる方が、よほど自分を大事にしていない。リテラシーと思考力が、足りなさすぎる。

自分を粗末にするような自粛を、決して受け入れてはいけない！

きちんとしたリスク分析を、自分の頭で行えるリテラシーを備えていれば、ニュースやSNSで流れる怪しい情報などには、惑わされない。正しい感染予防策をとったうえで、コロナ以降の人生を最小限のリスクで組み立てていくことができるはずだ。

コロナ禍のような、いざというときに頼りになるのは、怪しい筋の予防法とか、過度な自粛ではないのだ。膨大な情報を浴びて、身につけるリテラシーだ。

知性や、思考力と言い換えてもいい。もっと学ぼう！　ちゃんと思考しよう！

体系立った知識を得て、体験と組み合わせ、学びを積み重ねていけば、自粛ムードでも仕事やチャンスを失ったりしない。

自粛圧力に負けず、やったもん勝ちで行動するハートの強い人が、成功するのだ。

非常識
5

34

重要人物にも
直接アクセスできる。
もうマスメディアは
必要ない。

2020年の3月初め、レバノンに飛んでカルロス・ゴーン氏と対談を行った。対談動画は収録後、すぐに自分のYouTubeチャンネルで公開した。僕の公式チャンネルのなかでも飛び抜けた勢いで再生回数を伸ばし、あっという間に200万回の再生を超えた。日本のメディアが、どこも成功していない単独のインタビューだ。

あらためて思う。マスコミ、とりわけテレビの役割は、もう終わりつつある。

スマホの出現で、情報の発信・受信の潮流は、垂直統合から水平分業の領域へ移りつつある。テレビ(垂直統合)の情報より、インターネット(水平分業)の情報の方が、いまやメジャーであるということだ。

多くの人に娯楽と優れた情報を届けるツールとしての勝負で、テレビはインターネットに完敗している。スマホの出現で、完全に結着がついたのではないか。

日本の司法の実態に異議を唱えるゴーン氏と、どうしても直接、会って話をしたいと考えていた。レバノンでの対談は、個人の力でゴーン氏と連絡をつなぎ、取材することができた。接触の交渉に利用したのは、スマホだけだ。

大手テレビ局もコンタクトを取りつけられなかったニュースバリューの高い情報

を、僕みたいな個人が工夫次第で獲得できるのだ。

グローバル社会で、一番有効なのは、個人の力だ。

大きな組織も、優秀な人材が集まりやすいなど利点はあるが、何かを発信したりクリエイトしていくなら、個人で動いた方が、圧倒的に効率がよい。

世界中を実際に回ってみて、「個人の時代」だという認識は強くなった。既得権益に守られていた会社組織やグループ体制は、急速に力を失い、スマホを駆使して行動する人の存在感が高まっている。

大手メディアの発信力が最強という、メディア界の常識は、ほぼ覆った。

1%の視聴率より、個人のTwitterで1万リツイートされる情報の方が、社会には影響力があるだろう。


テレビが社会に残っているのは、単に惰性だ。視聴者の大部分は「家にあるから見ている」人たちだと思う。

テレビというメディアに価値が残っているとすれば、歴史と伝統ぐらいだ。実質的にはオワコンと化している。一方で歴史と伝統は、意外と強いのも事実だ。登録者数が数十万人クラスの人気YouTuberが、自分のチャンネルで、テレビ出演のオファーを大喜びしているのを見ると、なんで？　と不思議に思う。

世間一般においては、テレビはもう少し、最大のメディアであり続けるのだろう。

実質的には、発信する最強のプラットフォームは、もはや個人の手に移っている。


僕自身は、テレビのメディアとしての効率の悪さに、うんざりしている。ライブドアを経営していた時代までは、稼働時間の割に広告宣伝のコストパフォーマンスがよかった。スケジュールの許すときは、積極的にテレビに出ていた。

でも近頃は、ひどく悪い。拘束時間が長すぎる。ギャラも驚くほど安い。コメンテーターで出演しても、しょうもない質問しかされないし、ウザい共演者に絡まれる。好きなことをTwitterで呟いて炎上した方が、広告宣伝のコストパフォーマンスはいい。公式動画を磨いていく方が、はるかに効率的だ。

スケジュールが合って出演できたとしても、Ｚｏｏｍで対応できる。もうスタジオに出向く面倒は、引き受けたくない。

コロナパニック以降は、「僕自身がメディア」の体制へ、より注力していくだろう。

非常識
5

35

古い教育の「タンカー」は、なかなか沈まない。

現在の義務教育では、本質的な学びを得ることはできないと思っている。教える側の先生に、学びとは何か？　を理解している人が、あまりにも少ないからだ。

本来、学びとは楽しいものだ。人は、知らないことを知っていくプロセスを気持ちよく感じ、知的欲求を持ち続け、成長を重ねていくようにできている。

けれど教える側の学校の先生は、総じて教え方が下手だ。楽しいはずの勉強を、喋りの下手くそな授業で、わざわざ覚えづらいように教える。「よい将来のために勉強しなくてはいけないのだ」と、勉強とはつらいものという、間違った刷りこみにも、なぜだか熱心だ。

学校の勉強がつまらないのは、当然でもある。先生たちに課せられた課題は、反抗心や組織から外れようとする「出る杭」を打ち、平均的に優秀な「オールB」人材を養成することだ。子どもたちの伸びやかで、個性に応じた才能を伸ばしていこうなどとは、考えていない。凡庸なジェネラリストの量産が、義務教育の目的なのだ。

学校は教育の名目で、子どもたちの没頭を奪い、突き抜けた天才の芽を摘み、「オールB」が理想であるという常識を、植えつけている。

その環境でストレスがないという生徒はいいだろうけど、あなたは学校に通ってみて、どうだっただろうか？　やりたいことを奪われたり、誰にも傷つけられなかっただろうか？

洗脳型の学校教育によって、偏差値至上主義の、歪んだシステムが生まれた。

現行のシステムのせいで、情報化社会のスピードに対応できない偏差値秀才・和製エリートが、量産されてしまったのだ。彼らはペーパーテストには強い。それはそれで、大事な面もある。しかし人としての豊かな知性も、養えているだろうか？

いま多発している、エリート官僚や政治家たちの汚職事件を挙げるまでもなく、和製エリートの知的劣化は目を覆いたくなるほどだ。

僕などは、彼らの格好の攻撃対象だ。突出した行動を取る人間を、感情的に叩きまくる風潮の根幹には、義務教育があるだろう。

しかしグローバリズムが進み、スマホが普及したことで、教育の手段と選択肢は一気に多様化した。校則違反の髪型をしただけで、子どもに罰を与えるような大人に、勉強を教わる必要はどこにもない。

学校教育とは、何十年も惰性で海上を航行している、旧式の巨大タンカーのようなものだ。もはや自力走行できていないのだが、船体が大きすぎて、なかなか止まらないし方向も変えられない。力ずくで止めるとしたらコロナウイルスみたいな大波の現象しかないのだが、それはそれで多くの問題が起きてしまう。

はっきりしているのは、惰性で走るタンカーはいずれ座礁することだ。何も考えずにタンカーに乗っていた人たちは、振り落とされるのだ。

振り落とされた人は見捨てればいい、とは言わない。

用意されていたタンカーはもうすぐ止まるのだから、みんなで生き方改革・働き方改革をしていこう！　その一環として、僕はＨＩＵやゼロ高を頑張って運営している。

いまの学校には、まともに教えられる先生がいないし、不登校の子も増えている。学ぶ場所は、子どもたちが好きなように選ぶべきだ。

スマホブロードバンド時代になって、価値ある情報は好きなだけつかめるし、行動できるチャンスは山ほどある。なんにも、不安になることなんかない。

「学校がつらければ、行かなくても大丈夫だ。君たちは、すごくいい時代を生きているんだよ」と、僕は子どもたちに伝えたい。

非常識 5

36

マンガは最強のメディアとなる。

僕は子どもの頃から、読むことが好きだった。

家にあった百科事典は、幼い頃に読了してしまった。知的好奇心が強いのもあったけれど、世間と自分との情報の壁を越えるには、昔は本を読むしかなかったのだ。

読書をしていれば、思考の筋肉は衰えない。思考の筋肉は、物事を深掘りして、本質を見きわめるのに必要だ。スピード感が掛け合わされば、ビジネスでも実力を発揮できる。

読書は、何も活字だけの本には限らない。僕が読んでいるのは、圧倒的にマンガが多い。

「マンガばかり読んでいたらバカになる」なんて考えは、大昔のものだ。前にも書いたように現在、第一線で活躍する知識人は、若い頃にマンガが大好きで、マンガの影響でその後の道を志したという人がとても多い。特にサイエンスの分野では顕著だ。

米国で最も権威ある医学賞のラスカー賞を受賞した、京都大学教授の森和俊さんは『鉄腕アトム』のマンガ体験がきっかけで、研究者を志したという。この先は『鋼の錬金術師』を読みふけり、後にノーベル化学賞の受賞者となる人材も現れるだろう。

想像力を振り絞って、フィクションで描き上げられたマンガには、現実とリンクする知識が詰めこまれている。

宇宙航空研究開発機構ＪＡＸＡへの綿密な取材によって、つくりあげられたように思われる『宇宙兄弟』も、実は作者の小山宙哉さんの完全な想像から生まれたという。マンガを熱心に読むことは、専門書の研究にも匹敵する学びに通じるのだ。

歴史大作や人物評伝のコミカライズなど、綿密な取材に基づいて描かれたマンガなら、小説と同じかそれ以上の情報が詰めこまれている。現役の中国史の研究者のほとんどは、横山光輝の名作『三国志』を読んでいるだろう。

マンガは、時間対情報摂取量がとても高い。だから僕は『マンガで身につく多動力』『バカは最強の法則』『雇用大崩壊』など、多くの著書をマンガで発表している。早く強く、読者に情報を伝えるのに、マンガ以上の表現手段はないと思う。

マンガを読んでいるとき、脳内では実は、高度な情報処理の作業が行われている。脳科学の分野では、言語認識野と画像認識野は、まったく違う機能とされる。しかし、CPUとGPUの関係のように、並列で動かせることがわかっている。マンガを読んでいるとき、脳では無意識に、絵の情報をセリフで補完したり、またその逆も行っている。脳内の複雑な機能を同時に立ち上げ、相関的な活動により、脳細胞の活性化を促しているのだ。

マンガは、絵やセリフ、コマ運び、ストーリーなど、多くの通信情報で構成されている。読むだけで脳が鍛えられる、最強の「知育道具」なのだ。

脳の情報処理能力を伸ばすには、字幕と芝居を同時に見ている、映画もお薦めだ。だがマンガは好みのスピードで読め、自在性の面で優れている。自分のテンポに合わせながら、脳内で複数の情報を整理して、物語を理解する力を養えるのだ。

面白いだけでなく、作家の卓越した想像力も吸収できる。一石二鳥どころか、三も四も得られる、最適な学びの手段だ。

読書は、マンガでもまったく問題ない！　時代の潮流をキャッチするためにも、若い人は読みたいものを選び、楽しく読みふける作業を維持しよう。僕が関わっているマンガ紹介サイト『東京マンガレビュアーズ』も、役立ててみてほしい。

非常識
5

37

情報は「民主化」した。知識やアイディアに、価値はない。

情報をインプットする手段として、現代人が最も利用しているのはＳＮＳだ。さまざまな思考やスキルを持った個人が、組織や審査機関のフィルターを通さず、ダイレクトに全世界へ発信できるようになった。

ＳＮＳの出現により、情報は完全に民主化を果たしたのだ。

もう大学や企業に行ったり、高いお金を支払わなくても、高度な情報がスマホを通じて、するすると流れこんでくる。

情報の民主化によって、知識やアイディア自体には、ほとんど価値がなくなった。まったく無意味とまでは言えないのだけれど、知識やアイディアを基に行動することで、ようやく価値は出てくる。

行動こそが価値！　だと僕は何度も説いているが、字面を追うだけでちゃんと理解していない人が、まだ多すぎる。

座学の時代は、もう終わったのだ。学んでから、どうする？　という問いかけをして、机から離れなければ、自分の価値を創出できない。勉強ができるだけで褒められる成功体験は、もうほとんど通用しないのだ。

学ぶことは大事。その常識は変わらないけれど、学びと行動との掛け合わせを、怠ってはいけない。学びだけで完結していたら、日々更新される民主化した情報についていけず、振り回され、やがて行き詰まるだろう。

僕が行動を強く推進するのは、動き出すヤツは成功する！　とか、そんな単純な話ではない。人気が出るとか、些細な承認欲求レベルの話でもない。

行動それ自体が、生きることなのだ！

民主化された情報のスピードは、おそろしく速い。

立ち止まって沈思黙考していると、得るべき必要な情報は、あっという間にすり抜けていく。豪風のように吹いてくる情報に併走する感覚で、エネルギッシュに行動することが、現代人の常識なのだ。

知っているだけで安心な情報は、家族の連絡先や、体調管理の健康法ぐらいのものだ。民主化された無数の情報を浴び、それを実践で使い倒し、また新しい情報を狩りに行く、どん欲さが肝心だ。

非常識なふるまいとバカにされても、動きまくろう！

行動に腰が引けている人の理由は、たいてい失敗への恐怖心だ。失敗して、経済的にも、社会的ポジションも損なわれることを恐れている。

たしかに失敗それ自体は、つらいかもしれない。でも失敗は、行動した証明のスタンプだ。世の成功者はみんな、行動スタンプのシートは、失敗の印だらけだ。

僕自身、うまくいったビジネスはたくさんあるけれど、失敗した例も数えきれない。普通なら立ち直れないかもしれない……という苦境に、何度となく追いこまれた。

でも失敗したぶんだけ、僕は実践・行動の場数を踏んできたと、胸を張れる。

動き出すと、やりたいことや、思い描いているビジョンが可視化される。そして「自分も一緒にやりたいです！」と味方や仲間、協力者が現れるのだ。

成功ばかりしている人に、味方はできづらい。失敗は、仲間集めの特効策だ。

民主化した情報に、僕はぜひ「失敗＝部分的成功」の概念をインストールしたい。概念がつくられると、みんなその概念に従って動くようになっていく。

部分的成功というポジティブワードで、みんなが失敗上等！ の気持ちに切り替わり、行動に意欲的になれば、社会には新しい道が見えるだろう。

非常識
5

38

不安は解消できる。情報が足りないだけだ。

会食の席などで知り合った人に、「堀江さんは、どうして未来のことがわかるのですか?」と、たびたび聞かれる。公式動画やメルマガで時評を展開しているが、「あのビジネスは将来、こうなるだろう」「〇〇(製品名)はいずれ××に進化していく」など、未来予測も述べている。それが、ほとんど100%当たるのだ。

例えば10年近く前から、家電製品や電子機器は手を触れずに操作できるようになると発言してきた。それが近年、手をかざすだけでON・OFFできる照明やリモコンの装置が開発され、一般家庭にも少しずつ普及してきた。

モノを持たなくても暮らせる社会になる、シェアリングエコノミーの概念も、スマホが普及するだいぶ前から述べていた。「上場企業は時代遅れになっていく」「遊んでいるだけで暮らせる」などの予言も、間もなく現実化するだろう。

僕が未来を当てまくるのが、一般の人には不思議らしい。どうして未来のことがわかるのですか? と聞かれても、戸惑ってしまう。

いや、誰でもわかるでしょ!? という気持ちだ。

タイムトラベラーか何かだと思われるのは、勘違いだ。僕が述べている未来は、すべて相対的未来だ。絶対的未来とは、全然違う。

「明日のドルと円のレートは？」と聞かれても、それは絶対的未来なので、「わかりません」としか答えられない。同様に、仮想通貨は今後また盛り返しますか？と聞かれたら「盛り返すかもしれないし、ダメかもしれない」としか、答えられない。

絶対的未来は変数が多すぎて、正解の法則は存在しない。たとえ正解が出ても、理論上の正解の数は無限にあるので、計算する意味は、なきに等しいのだ。

絶対的未来なんて、誰にもわからない！投げ出すのではなく、それが真理だ。

一方で相対的未来は、情報があれば解ける。「コンビニはどのような形態になりますか？」と聞かれれば、キャッシュレスが進み、総菜のレベルが上がる。そしてイートインコーナーが、格安居酒屋のシェアを奪い出すと答えられる。実際この数年で、コンビニの「ちょっと帰りに寄っていく居酒屋」化が進んだ。ふだんからテクノロジーの情報を採り入れていれば、そのような相対的未来は、簡単に予想できるだろう。

みんな絶対的未来ばかりを知りたがる。逆に、相対的未来を察知する情報収集が、全然足りていない。だから物知りな人に的外れな質問をしたり、変な占い師の予言に騙されたりするのだ。自分で調べたらわかるだろ！　と言いたい。

質のいい情報を狩っていれば、変数だらけの絶対的未来には、惑わされない。

相対的未来を見つめ、フェイク情報に惑わされず、行動していこう！


情報を得ることで、未来についての不安は消える。会社の仕事、家族問題、失業、健康、資産……ほぼすべての場面での不安は、情報不足が原因だ。

どうにもならない、行き先がないと追いこまれても、解決策は必ずある。不安は、情報の足りなさが引き寄せる幻想だ。

情報とは、選択肢なのだ。八方塞がりの状況に、九つ目の進路を示す、救いの手となる。情報不足のときは、どうしても悲観的未来しか、見えてこない。

だが情報が足りてくると、楽観的未来が見えてきて、進むべき方向や選択肢が具体的にわかってくる。窮地を脱する選択肢は、情報がもたらすのだ。

人生では、何が起きるかわからない。最悪、不慮の事故で死んでしまうかもしれない。変数だらけの絶対的未来しかないからこそ、ひとつでも多くの、切り抜けられる選択肢を持っておくべきだ。

非常識 5

39

僕は24時間スマホに接続していたい。

商談や会議のときはスマホを触ってはいけないと言われるだろうが、僕は基本的に、スマホに触れないような機会を持たない。対談の仕事やトークイベントでも、話に飽きたり、その場で調べたいことがあれば構うことなく、スマホで情報検索する。クイズ番組などテレビ出演では、収録中はスマホ禁止だと言われる。それが嫌だから、テレビのオファーは遠ざけるようになってしまった。

正直な気持ちは、24時間、スマホを触っていたい。

だが、アウトドアスポーツやトレーニングの時間など、さすがにスマホを触っていられないときがある。当然、寝ている時間もスマホは使えない。睡眠中もスマホと自動的に同期できるような装置が開発されないかと、なかば本気で思っている。

スマホジャンキーだからというより、それぐらい密接に使っていないと、スマホのツールとしての本来の用途を、活かしきれないからだ。

スマホは、単なる便利な検索マシンではない。ゲーム機ではないし、カメラでも、音楽のポータブル再生機でもない。そのように使い回しても別にいいのだけど、スマホは意義的には、趣味欲を満たすだけのデバイスではない。

身体拡張のツールなのだ。

大量の情報処理能力を人体に外付けして、人間のサイズでできなかったことを、できるようにする。後天的に得た身体の一部として接するのが、スマホの本来の用途だ。ただし身体拡張のツールとしては、まだ不完全だ。今後も、発展の余地がある。いまのところ指と音声ぐらいしか、インターフェイスとして機能していない。もっと他の身体器官とコネクトするといいし、そうなっていくはずだ。

僕はまったく疲れないが、人によっては長時間使っていると目や肩に疲れが溜まるらしい。視力も落ちる。スマホの触りすぎで腱鞘炎になってしまったとか、首や指が少し歪んで「スマホ首」を患うなど、健康を損ねてしまう。現状のサイズと使用法では、仕方ないとも言える。長時間使っていたら身体が痛んでくるようなツールは、身体拡張のツールとしては理想とは言えない。

よく「スマホの次は、何が広まりますか?」と聞かれる。わかりませんと答えるしかないのだけど、先端を行く人たちには、ある程度の想像はできている。Amazonが発表したスマートグラス「Echo Frames」や、FORM社が開発したAR水泳ゴーグルのような、ウェアラブルの形へ進化していくだろう。

スマホから始まった身体拡張は、次のフェーズへ進化を始めている。いまのように手で持つのではなく、ヒトの姿のアンドロイドとか、パートナー型の形状になるのではないか。詳しくは拙著『僕たちはもう働かなくていい』で論じているので、興味があれば読んでみてほしい。

スティーブ・ジョブズがiPhoneにたどりつく前に何年も、違う機器の開発で試行錯誤していたような流れが、いまウェアラブルの世界で起きている。「Echo Frames」以降も、クラウドファンディングなどで斬新なアイテムが開発中だ。少しずつ、理想型に近づいているように感じる。

「スマホを使いこなすのが大変」とか、年寄りみたいなことを言っていてはダメだ。心の健康のためにスマホ断ちするなんて論外。スマホに依存しすぎて、心を悪くしていたとしたら、それは使い方が悪いのだ。

スマホの次に拓かれる世界は、もうすぐそこに来ている。その世界を充分に体験するためにも、身体に接続する気持ちで、スマホを使い倒していこう!

非常識
5

40

「ムカつく。でも、なるほど……」の意見をフォローする。

情報が大事だと、繰り返し説いてきた。その際、注意してほしい。自分の意見に近い、「完全な同意」の情報ばかりに、囲まれないことだ。

自分の感性に親和する意見ばかりを集めていれば、気持ちいいだろう。「世間には同じ意見の人がいる！」と確認して、安心感も得られる。だが、採り入れる情報全部を、ストレスフリーな意見で占めてしまうのは筋がよくない。

あなたが生きている世界は、果てしなく多様だ。

正しい意見の周りには、まったく異なった視点の、同じように正しい意見が無数に存在する。多様な全体を見ながら、拒絶したい情報にも触れ、自分の立ち位置を知るべきだ。そうすることで批評性や論理性が養われる。怪しげなスピリチュアル医療や、陰謀論に騙されない眼力も磨かれるだろう。

生理的に嫌な情報を無理して入れることはない。けれど考察が行き届き、学びを得られそうな知見は、情報収集の訓練としてフォローしておくことを勧めたい。

メンタルマネジメントの常識は「嫌なものは見ない」ことだが、耳あたりのいい情報だけ読んでいたら、思考は成長しないのだ。

苦みを感じる情報を、修業のつもりで噛み砕いていこう。

僕はスマホを見るとき、賛同しない意見にも、すすんで触れるようにしている。仕事での対談相手も、少しぐらい意見が対立しても、新しい視野を得られそうな人を選んでいる。自分の視野を広げるためには必要な作業だ。

僕は、好きなことばかりやっているけれど、情報はその限りではない。嫌いな情報もあえて採り入れ、世の中の全体像を、常に把握しておきたいのだ。

Twitterでは、正反対の意見の人をフォローしている。山本太郎や鳩山由紀夫など著名人の呟きも読んでいる。ほぼ同意できない、腹の立つ意見ばかりだが、ごく稀に芯を突いた言葉が出てくる。ムカつくけど、なるほどなぁ……と、素直に思えたりする。そうして自分の無意識の、偏ったバイアスが修正されることもあるのだ。

正反対の意見に触れていく作業を、「ノイズを入れる」と呼ぶ。

僕はノイズの収集を習慣化して、全体を把握するのに活かしている。何でもとにかくやってみる、行動の一環だ。苦手だと思っていたものから、趣味やビジネスの好機が、得られるかもしれない。

僕は成功をおさめたベンチャー経営者と会うより、ノリのいい合コンに参加して、若い女の子に「いま何が流行ってるの？」と聞いている方が面白い。女の子の話がノイズだとは言わないが、自分のフィールドの情報ばかりを聞いていたら、好奇心は弾まないということだ。女の子たちと接することで、僕はＬＩＮＥやInstagram、TikTokなどのサービスを、世間の大人たちよりも早い時期に知ることができた。グループトークアプリの７５５など、ビジネスにつなげられた実例もある。

耳に入ってくるノイズを、排除してはいけないのだ。

ノイズのない、心地のよい環境音楽ばかり聴いている生活では、刺激的なクリエイティビティは起きない。自分の足りない部分を改善していこうという、前向きな意欲も薄れるだろう。

ノイズによって生じる違和感が、想定外のものを生むきっかけとなる。子どもはなぜ柔軟な思考で、すごい発想力を持っているか？　ノイズを排除しない世界に生きているからだと思う。彼らは好きも嫌いもなく、あらゆる情報を、無邪気に浴びている。

3歳児のように、是々非々で情報を浴びていこう。そうすれば自由でいられるのだ。

非常識
5

41

自分が自分で
あることだけは、
決して捨てるな！

起業して以降、年長のビジネスパーソンたちから何度となく「大人になれよ」と言われてきた。彼らが言う大人とは、空気を読んで自分の意見を封じ、すすんで思考停止のプロセスに入っていける人のことだ。

僕は、そんな大人になんか、決してなりたくなかった。

2004年頃から起きたライブドア事件がひと区切りついた後、周りから「村上ファンドの村上世彰さんみたいに、世間に詫びを入れていたら、許してもらえたんじゃないか?」と言われた。反論はしない。そのとおりだと思う。

親しい人からも「堀江自身が詫びることはないけれど、世間が誤解しているホリエモンのイメージを払拭するために、お詫びしなさい」と言われた。ややこしい構図ではあるが、裁判での量刑を軽くするには、一番効果的な方法だったかもしれない。

頭では理解できていた。でも、絶対にやりたくなかった。

悪いことを何もしていないのに、なんで頭を下げなくてはいけないの? ちっとも罪を理解できないで、形だけ、世間につむじを見せて「謹んでお詫びを申し上げます」なんて、絶対に言いたくなかった。

村上さんはそこを演じられる人なのだ。状況によって巧みに演じられる、大人だった。それが彼のスタイルだとしたら、意見はない。

でも、僕には決してできない。

自分に嘘をついて四方丸く収めるのが大人だというなら、自分の信念に従い、抵抗し続けた僕は子どもだったのか？

子どもでいることは、有罪になるような悪だったのか？

ライブドア事件で執行猶予を得るために、外面だけ土下座して内心は笑っているような、自分の「ねつ造」だけは、したくなかった。

前科がつくことになっても、僕が僕自身に嘘をつき、肌感覚で「嫌だ！」ということを許してしまったら、激しく後悔するとわかっていた。

もしあのとき謝っていたら、罪が軽くされて後にビジネスで大儲けしたり、何億円ものお金を再び得たとしても、僕は生涯、後悔から逃れられなかっただろう。

僕は僕であることを、捨てたくなかった。捨てないで、正解だった。

人生で、決して捨ててはいけないもの。それは、自分自身だ。

自分自身とは、己の存在意義のようなもの。生きている意味を支える、心の根幹だ。目先の体裁やしがらみに屈して捨ててしまわない限り、誰にも奪われない。家や車や宝石なんかより、もっと価値のある、不朽の財産だ。

人は苦境に直面して、自分自身を捨ててしまう誘惑にかられることもあるだろう。だが、捨ててしまったら、肌感覚に喪失感と後悔が入れ墨のように深く刻まれる。そんな人生を、僕は送りたくなかった。引き換えに、収監されたとしてもだ。長い裁判で、人間関係や財産など、いろんなものを奪われた。だけど自分を捨てることだけは、踏みとどまれた。それだけで僕は、勝利した気持ちだった。

大人には、ならなくてもいい。「いいものはいい、嫌なものは嫌だ！」という肌感覚に従おう。従えなかった後悔は、お金や成功では、決して取り戻せない。抵抗していれば、たくさん叱られるだろうし、批判もされる。ぜんぶ無視だ。言う側は、いずれ飽きる。他人は、あなたが大人になれるかどうかなんて、興味ないのだ。子どもの感性のまま、自分が自分であることを、貫いてほしい。

おわりに

「アフターコロナ」「ニューノーマル」という言葉が大嫌いだ。

2020年初めからの日本社会のコロナパニックで、あらゆる分野は自粛に追いこまれた。移動も、会食の機会も、集客イベントも大きく制限された。

ソーシャルディスタンスを基本とした〝新しい常識〟がこれからの社会のルールとなる……らしい。

みんな頭が、どうかしているのか？　と思う。

ソーシャルディスタンスの是非の議論はさておき、未知のウイルスと対峙するのに必要なのは、社会に新しい常識をつくりだすことではないだろう。あまりにも非科学的で、非効率なマインドに、呆れ果てる。

そんなにみんな、常識に縛られたいのか。

常識に守られたいのか？

絶対に、違うはずだ。

アフターコロナとかニューノーマルなんて、なんとなく格好いい言葉でくるまれてはいるけれど、これまでになかった別の常識に人々を従わせようとしているのだ。そんな動きに、流されてはいけない。

常識とは、あなたの身を守るルールではない。

あなたを生きづらく縛り、活力を奪い、「みんな一緒」の枠組みに押しこめて、偽物の安心感の共有を強いる、ズレた正義だ。

もちろん、いまの社会で守らねばならない常識はある。コロナが蔓延しているうちは、空港での厳しい検疫や、行政による感染者への適切なケアは必要だろう。

だからといって、ニューノーマルをありがたく受け入れ、「じゃあ動くのはやめにしよう」と、思考停止してはならない。

思考をやめると、本当に向き合わなくてはいけない問題から、目が逸れていく。避けられるはずの不利益を、いつか被ることになるだろう。

しわ寄せは全部、常識どおり従った自分自身に、のしかかるのだ。

何度でも言うが、危機にあって本当に必要なのは、充分な思考力と、自らの意思で飛び出す行動力だ。

常識のもとで、できることはいくらでもあるのだ。

試行錯誤を怠けてはいけない。


非常識に生きるとは、破天荒であれ！　ということではない。

自分の常識を持ち、自分に従って、誰のものでもない、自分の人生を生きることだ。

「みんな一緒」の正義を、疑い続けよう！

それで非常識と批判されても、気にしてはいけない。

あなたのやりたいことを決めるのは、あなたであるという、本来の常識を取り戻してほしいと、僕は願っている。

参考文献

- ユヴァル・ノア・ハラリ『サピエンス全史』(河出書房新社)
- 南章行『好きなことしか本気になれない。人生100年時代のサバイバル仕事術』(ディスカヴァー・トゥエンティワン)
- 山田英夫『マルチプル・ワーカー 「複業」の時代 働き方の新たな選択肢』(三笠書房)
- 日達佳嗣『映画で楽しむ宇宙開発史』(鳥影社)
- 飯野謙次『仕事が速いのにミスしない人は、何をしているのか?』(文響社)
- ハンス・ロスリング、オーラ・ロスリング、アンナ・ロスリング・ロンランド『FACTFULNESS 10の思い込みを乗り越え、データを基に世界を正しく見る習慣』(日経BP)
- 妹尾昌俊『教師崩壊 先生の数が足りない、質も危ない』(PHP新書)
- 石山アンジュ『シェアライフ 新しい社会の新しい生き方』(クロスメディア・パブリッシング)
- チャック・パラニューク『ファイト・クラブ』(ハヤカワ文庫NV)
- 松本大『お金の正体』(宝島社)
- チャールズ・ウィーラン『MONEY もう一度学ぶお金のしくみ』(東洋館出版社)
- 金嶽宗信『[禅的]持たない生き方』(ディスカヴァー・トゥエンティワン)
- レイチェル・ボッツマン、ルー・ロジャース『シェア〈共有〉からビジネスを生みだす新戦略』(NHK出版)
- 前屋毅『教育現場の7大問題』(ベストセラーズ)
- 新井紀子『AIに負けない子どもを育てる』(東洋経済新報社)
- 小木曽健『ネットで勝つ情報リテラシー』(ちくま新書)
- 川口伸明『2060 未来創造の白地図〜人類史上最高にエキサイティングな冒険が始まる』(技術評論社)
- 小原雅博『コロナの衝撃 感染爆発で世界はどうなる?』(ディスカヴァー携書)
- 岩田健太郎『新型コロナウイルスの真実』(ベスト新書)
- 岩田健太郎『「感染症パニック」を防げ! リスク・コミュニケーション入門』(光文社新書)

ブックデザイン	小口翔平＋阿部早紀子(tobufune)
カバー写真	柚木大介
構成	浅野智哉
取材協力	ヒヅメ、藤井耕太
本文組版	朝日メディアインターナショナル株式会社
校正	株式会社聚珍社
編集	木川禄大

堀江貴文（ほりえ・たかふみ）

1972年福岡県八女市生まれ。実業家。

SNS media&consulting株式会社ファウンダー。元・株式会社ライブドア代表取締役CEO。

宇宙ロケット開発やスマホアプリのプロデュース、予防医療普及協会理事として予防医療を啓蒙するなど多岐にわたって活動中。

また、有料メールマガジン「堀江貴文のブログでは言えない話」の発行や、会員制オンラインサロン「堀江貴文イノベーション大学校（HIU）」では1,500名近い会員とともに多彩なプロジェクトを展開中。

著書に『ゼロ』『本音で生きる』『多動力』などがあり、ベストセラー多数。

Twitterアカウント　@takapon_jp

非常識に生きる

2021年3月11日　初版第1刷発行

著　者　堀江貴文
発行者　神宮字 真
発行所　株式会社 小学館集英社プロダクション
東京都千代田区神田神保町2-30 昭和ビル
編集　03-3515-6823
販売　03-3515-6901
https://books.shopro.co.jp

印刷・製本　大日本印刷株式会社

ISBN978-4-7968-7831-9